日本歴史
私の最新講義

小路田泰直

日本近代の起源

三・一一の必然を求めて

敬文舎

・刊行委員（五十音順）
荒木　敏夫
池上　裕子
大日方純夫
五味　文彦
栄原永遠男
白石太一郎
藤井　讓治
水本　邦彦
・装丁・デザイン
坪内　祝義

『憲法発布式之図』（床次正精画）

明治二二年（一八八九）二月一一日、当然王政復古の精神を体するため、神武天皇即位の日とされるこの日（紀元節）に合わせて大日本帝国憲法が制定、発布された。これは、その発布式のシーンである。

憲法が欽定憲法であるとの精神にのっとり、天皇が発布の勅語を読み上げ、国民の代表たる時の総理大臣黒田清隆に授け渡すという形式をとった。場所は、まさにこの日のために巨費を投じて建設された宮中正殿においてであった。

ただこの式典に出席しようとした森有礼が、当日暴漢に襲われ死亡したことは、憲法の行く手の困難を暗示していた。

日本近代の起源

三・一一の必然を求めて

●スタッフ
本文レイアウト＝姥谷英子
図版・地図作成＝蓬生雄司
編集＝阿部いづみ
編集協力＝小泉純

●凡例
・年号は和暦を基本とし、適宜、（　）で西暦を補った。
・本文は、原則として常用漢字、現代仮名遣いによった。
・引用史料は、読みやすさを考慮して、漢字を仮名に、歴史仮名遣いを現代仮名遣いに改めた。また、片仮名を平仮名に改め、送り仮名を加え、句読点を補うなどの改変を加えた。
・参考文献は、原則として本文中の（　）内に著者名（姓のみ）と発刊年（西暦）を記したが、詳しい情報は、巻末にまとめた。
・本書のなかには、現代の人権意識からみて不適切な表現と思われる史料を用いた場合もあるが、歴史的事実を伝えるため、当時の表記をそのまま用いた。
・写真使用につきましては十分に注意を払いましたが、なにかお気づきの点などございましたら、編集部までご連絡ください。

目次

はじめに 8
「三・一一」と歴史学の課題／近代の起点はペリー来航にあらず
近代の起点／日本史の時代区分／本書の構成と私の思索
帝国主義の流行／立憲政の基層／話し合いに基づく輿論政治

第一章 近代を定義するための理論的前提 27
人の本質は他者依存性 28
依存理論について／分業の原点／言語と貨幣の先験性と神の実在／農業の誕生
道徳と国家と悟りの誕生 39
崇神朝の体験から／ソクラテスからの手紙―政治は技術
支配するということの矛盾／哲人政治を求めて
哲学者が「全体知」の保有者である訳／悟りの技法としての仏教
末法到来／近代とはなにか

第二章 近代のはじまりについて 61
そのはじまりの言説―『愚管抄』 62

近代のはじまりは鎌倉時代／「道理」とはなにか
『神皇正統記』の考え方　68
「皇化」から「人望」へ／その日本的易姓革命思想／革命から復古へ
伊勢神道の考え方　78
豊受大神と天之御中主神／「市民宗教」としての伊勢神道
将軍制という国制の意味　86
源頼朝の征夷大将軍就任儀礼／第二王の創出
第三章　近代とはなにか　91
「輿論政治」の現実　92
私利私欲と政治的無関心／自治と代行権力
もうひとつの輿論＝死者の輿論を求めて／ルソーと宣長
「古い法律」を求めて―荻生徂徠と本居宣長―　105
崩壊しつづける輿論政治／荻生徂徠と「先王制作の道」
本居宣長と「惟神の道」／『古事記』研究の要諦
「祖法」の時代とその限界　116
停滞し固定化する時代／欲望の自由と水戸学の成立／横井小楠と西郷隆盛
平田篤胤学の成立とその役割　125
「祖法」としての大日本帝国憲法／記紀の科学的読み方
幽冥界の発見／祭政一致をめざして

王政復古の歴史的意義――135
天皇親政宣言に非ず／水戸学における「万世一系」の意味
王政復古の真の意味

第四章　立憲国家の確立――147
王政復古体制の危機――148
二度とは使えない篤胤学と水戸学／立憲政というトリック／トリックの限界
政党政治という課題――158
政党政治とはなにか／イギリス型立憲政へ／政党の基盤としての政治的無関心
福沢諭吉と加藤弘之の「転向」――168
福沢諭吉の場合／国家＝利益共同体説へ／加藤弘之の場合
国家法人説の定着――179
国家法人説とはなにか／国家それ自体の意思の実在／主権の自己制限について
民本主義という選択――190
美濃部憲法学説に足りないもの／民本主義の契機としての不羈自存

第五章　国家＝利益共同体説の矛盾――199
民族の形成へ―歴史観の転換・邪馬台国論争――200
邪馬台国論争とはなにか／論争の政治的目的
日本ナショナリズムの確立／津田史学の確立／国体の危機へ

社会主義の勃興と民本主義の破綻 216
「労働者階級」の出現／社会主義者の誕生／民本主義と社会主義
民族自決権の確立に向けて 225
国益相克の時代／パクスアメリカーナの誕生
日本とパクスアメリカーナ／独立の代償

第六章 二〇世紀型国家からの逃走 239
国家改造運動の発生 240
北一輝の国家改造論／復古原理主義の台頭
美濃部憲法学説の深化 247
ヴェーバー社会学の地平／一九三〇年代以降の美濃部憲法学説
挙国一致内閣と美濃部の理想
民族自決権の相互承認と世界最終戦 256
民族自決権の相互承認システムの構築に向けて／世界最終戦への道
原爆の開発へ 262
異常な軍拡の必然／「ニ」号計画
敗戦という選択 270
日本国憲法における美濃部の影／日本国憲法の本質
奇策の代償

第七章　「ヒロシマ」から「フクシマ」へ　279
核開発の継続　280
仁科芳雄の執念／アメリカの日本利用の意図／冷戦と核解禁
「原子力の平和利用」と潜在的核保有国化　292
「アトムズ・フォー・ピース」と中曽根康弘／五五年体制と「原子力の平和利用」
原子力安全神話の形成へ　298
はじまりは京都大学（関西）研究用原子炉／原子力開発を地域振興策に
おわりに　302
歴史から未来へ／社会主義についての補論
参考文献　314
索引　319

はじめに

「三・一一」と歴史学の課題

この二〇年間、歴史学の世界でいちばん盛んに論じられたのは、歴史は書き手の主観にしたがって書かれるということであった。そして多くの歴史叙述が、国民国家の物語に分類され、指弾されてきた。構成主義とか構築主義といった言葉が時代の言葉となった。

今でも忘れない。「歴史に『事実 fact』も『真実 truth』もない、ただ特定の視角からの問題化による再構成された『現実 reality』だけがある」(『ナショナリズムとジェンダー』)とする、この上野千鶴子の発言のインパクトを。

名だたる歴史家が、こぞって上野の軍門に下っていった。

しかし、人に対する厳しさは、やがて自分に跳ね返ってくる。戦後七〇年間、首尾一貫して社会の矛盾を告発する側に身を置いてきたはずの戦後歴史学もまた、時代の主観に支配され、体制を支える普通の歴史学にすぎなかったことが暴露される瞬間がやってきた。

それが、二〇一一年三月一一日の東日本大震災にともなう、東京電力福島第一原子力発電所事故の起きた時であった。

同事故によって、原発というものが、いかに危険で重要な存在かが、誰の目にも明らかになった。と同時に、それを建設するために流布されてきた原発安全神話が、いかに根拠のない、そして犯罪的な風評であったかが明らかになった。

しかし考えてみれば、戦後歴史学は、その風評の形成にひと役買ってきたのである。戦後日本の歴史を描くのに、原発問題をあえて主題化しないことによって。

これは大阪府立大学の住友陽文《あきふみ》氏からご教示いただいたことだが、戦後日本のことを描いた通史的叙述のなかで、原発問題をそれなりの重みで取り上げた叙述はひとつもないそうである。重要な問題を重要な問題として取り上げないということは、結局その問題を隠蔽《いんぺい》することにつながる。一方で、原水爆禁止運動については、これでもかというほどたくさん取り上げておきながら、原発問題についてはなにも取り上げないというのは、隠蔽ととられても仕方がない。

意図してか、意図せざる結果であったかは別として、戦後歴史学もまた、隠蔽という技法を通じて、原発安全神話の形成にひと役買ってきたのである。二〇一一年三月一一日は、それが暴露された日であった。

当然我われは、そのことへの深い反省に立って、いま改めて、この国の歴史を見直さなくては

東京電力福島第一原子力発電所で起きた水素爆発　全電源喪失状態のなかで冷却不能となり起きた水素爆発であるが、すでに原子炉はメルトダウンしていた。

ならない時にきている。

では、その見直しのためには、なにをしなくてはならないのか。

ひとつは、事実を隠蔽の淵から救い出すことである。隠蔽されてきた事柄を、可能なかぎり発見し、白日のもとに曝《さら》すことである。我われがいま取り組んでいる科学研究助成事業「原子力開発および原子力『安全神話』の形成と戦後政治の総合的研究」なども、まずはそのための事業である。

しかし、なすべきことは、それだけではない。もうひとつ重要なことは、原発問題を視野に入れなかったがゆえに、矮《わい》小《しょう》なものになってきたはずの歴史の捉え方（歴史認識）を、それを視野に入れうるレベルのものにまで引き上げる（鋳直《いなお》す）ことである。原発問題を視野におさめ、三・一一の必然性を解き明かすことのできる歴史認識を新たに構築することである。

そして本書は、そのために書かれる。したがって本書は、近代とはなにかを問い、この国における近代の成り立ちを解明することを、当面の目的とする。なぜならば、本書の結論でもあるが、三・一一は、けっして偶発的な一過性の出来事ではない。この国の近代がもたらした、必然の出来事だからである。この国の近代がもった構造を解き明かすことなく、三・一一の必然は解けないからである。

近代の起点はペリー来航にあらず

考えてみれば、我われ日本史家は、これまで近代を自力で解いたことがない。近代はペリー来航以降、外圧に迫られて取り入れたものであり、みずから生んだものではないと思っているからだ。日本は近代的世界システムに呑み込まれて近代になったのであり、日本の近代に内発的契機はないと誰もが思っているからだ。

しかし、それはナンセンスである。日本はペリー来航以前にも、当然、世界システムのなかに

世界地図に記された石見　図の中央に「IVAMI（石見）Munes d'Argent（銀山）」とある。江戸時代、鎖国していたにもかかわらず、日本の銀山は世界中から注目されていた。ブリエの日本図（1650年）。

組み込まれていた。

かつて戦国時代、毛《もう》利《り》と尼子《あまこ》が激しく対立したが、その対立の原因は、石見《いわみ》銀山の存在だった。

当時の世界の銀産出量の半ばを産み出していた銀山の争奪戦をやっていたのである。

では、なぜその争奪戦に意味があったのか。日本が世界市場への銀の供給国だったからである。その一事をとってみても、日本はペリー来航のはるか以前から、世界システムの一角に位置を占めていたことがわかる。戦国の騒乱に決着をつけたのは、輸入武器の鉄砲であった。

しかし、江戸時代には、世界システムと切れていたではないかと言う人がいるかもしれない。

しかし、それも違う。江戸時代、日本人が日本人であることの証明は、キリスト教徒ではないということによって行われた（宗門改め《しゅうもんあらため》）。さらには江戸時代、この国の経済を支えた二大産業は、綿業であり製糸業であったが、これらはすべて本《もと》を正せば輸入代替産業であった。世界システムと切断されていれば、そんなことはありえなかった。

そもそもこの国の歴史にかぎらず、人の歴史はすべて世界史なのである。世界から切断された小地域の、純粋培養的な歴史など、どこにも存在しない。だから『聖書』には、バベルの塔の物語が載っているのだ。バベルの塔をつくろうとして神の怒りを買い、人はお互い同士言葉が通じなくさせられてしまったとの物語が、である。民族が集まり世界をつくったのではない。世界が分裂して民族になったのだ。

だから、孤立していた社会が、ある日突然、近代世界システムに組み込まれ、その日から近代になるという物語は、およそナンセンスなのである。

我われはまず、足下から普遍をみればよいのである。それが日本史学の課題なのである。

近代の起点

では、なにをもって近代の起点とするのか。それは第一章において詳しく述べることだが、あらかじめ述べておくと、「輿論《よろん》」というものが国家最高の規範になった時点をもって、近代の起点とすべきだ、というのが私の意見である。具体的にいえば、鎌倉幕府の成立をもって近代の起点とすべきだというのが、である。

理由はいたって簡単である。近代という概念には、最近の時代という意味もあるが、「今」に直接つながる時代という意味もある。その意味では、「今」の原型が誕生した時点を、近代の起点とすべきだからである。

では、「今」とはいかなる時代か。たしかに「今」を定義するのはむずかしい。もし、人が言葉を話している時代と定義すれば、もう一〇万年も前から近代ということになってしまう。しかし、常識的に考えて、人が自由であり、平等であり、あらゆる局面で社会的意思決定が民主主義的になされる時代と定義すれば、それはやはり輿論というものが、社会における最高規範になった時点ではじまる時代ということになる。

その意味での近代の起点は、この国においては、やはり鎌倉時代ということになるであろう。そしてそれは、社会の最高規範を「輿論」におかなければ、なににおいたらよいのかを考えてみればわかりやすい。

輿論におかなければ、神意におくか、神にかぎりなく近づくことのできた特別な人の意思、つまり悟り者（覚者）の意思におくしかないが、では社会規範をそうしたものの意思におくことのできた時代は、いつまで続き、いつ終わったのか。やはり、平安時代の末には終わっていたのではないだろうか。

平安時代末における末法《まっぽう》思想の異常な蔓延《まんえん》は、そのことを示していた。末法とは、釈迦の教えも届かなくなり、人びとの悟りが例外なく不可能になる時代のことである。一二世紀中葉から後半にかけての、保元《ほうげん》・平治《へいじ》の乱にはじまり、治承《じしょう》・寿永《じゅえい》の内乱に至る戦乱の到来などは、まさに末法の到来を告げる事件であった。

だから鎌倉時代以降、この国はもう輿論をもって社会の最高規範とする以外に、社会規範の設けようのない国になっていたのである。

だから、その時代からを近代として、私は差し支えないように思うのである。

日本史の時代区分

なお、ひと言付け加えておけば、これはしばしば指摘されることだが、そもそも日本史学の行う時代区分はおかしい。普遍性がない。

たとえば、日本史学において、七世紀から八世紀にかけて確立する律令制国家の時代は、古代に分類される。しかし、それは通常ありえない。そもそも律令制国家がモデルにした隋《ずい》・唐《とう》の国家自体が、中国史では中世国家に分類される国家だからである。

また、律令制国家と同時代の国家フランク王国なども、ヨーロッパ史では中世史のはじまりを告げる国家として、認識されている。それをなんのためらいもなく、古代に分類してしまうのである。それはやはり日本史学の異常さの現れである。

ではなぜ、その日本史学の異常さは生まれたのか。日本史学には、通常、世界史的にいって古代に分類される春秋・戦国から秦・漢にかけての時代や、ギリシャ・ローマの時代に匹敵する時代を、みずからの歴史のなかに想定することができないからである。

時間的にいえば合致する縄文時代末から弥生時代末――あるいは古墳時代初め――にかけての時代は、どのみち「未開」でしかない。まさかそんな時代に古代文明の誕生があったなどとは、誰も思わないからである。

その結果、世界の他の地域よりもはるかに短い時間を、古代・中世・近代に三区分しなくてはならなくなってしまう。だから、その異常さは生まれてしまい、近代のはじまりは明治維新ぐらいがちょうどいい、ということになってしまったのである。

しかし、先ほど述べたように、もし世界の歴史が、最初から最後（現代）まで、相互に関係し合っている、まさに世界史であったとすれば、普遍性のない時代区分はおかしい。やはり時代区分は、たとえ一国史の時代区分ではあっても、世界的に通用する時代区分でなくてはならないだろう。

それも今回、私が意識したところである。

また、私は輿論という場合、それを「生者の輿論」と「死者の輿論」に、あえて分けて論じた。

古き法は良き法なり

といった言葉がある。その場合、古き法とは、長年多くの人が良しとしてきた法ということになる。現代人がそう簡単に変更することのできない、慣習法的色彩を強めた法のことだ。単なる輿論に基づく政治の実現を越えて、その種の法の実在とその活用こそ、近代立憲主義を支える土台だということを強調するために、あえて「死者の輿論」という言葉を使った。

本書の構成と私の思索

さて、私は冒頭述べたように、二〇一一年三月一一日の出来事が、必然の視野に入るような歴史認識の構築をめざすが、相当に常識を離れたことを述べるので、あらかじめ私の心の動きを述べ、読者の手引きにしていただいたほうがよいと思う。

私は次のように考えた。

三月一一日の福島第一原発の事故は、やはり、一九四五年八月一五日が過ぎても原爆開発を放棄しようとはしなかった、この国の支配層の核へのこだわりの結果であった。その核へのこだわりが、アメリカの核の傘の下での原子力の平和利用という戦略を生み、その戦略がプルトニウムの蓄積、事実上の核保有国化という目的を裏にもちながら、その目的を明確化することなく、暗示的に遂行されたために起きたのが、福島第一原発事故であった。

暗示的であるから、原発安全神話のようなカムフラージュを必要とした。それが原発開発を推進した当事者たちの神経までも麻痺《まひ》させ、つい安全対策を疎《おろそ》かにさせてしまったのである。非常用電源が、原子炉より浜側に置かれるなどといったことは、気のゆるみ以外の何物でもなかった。事故はその結果であった。

では、なぜ一九四五年八月一五日が過ぎても、原爆を開発しつづけようとする、この国の支配層の核へのこだわりは生まれたのだろうか。

一九二〇年代から四〇年代にかけて、日本も含めた世界は、世界の警察たりうるひとつの超大国を生む必要に迫られていた。すべての国が民族自決権を相互に承認しあう世界をつくろうと思えば、その超大国の力に頼らなくてはならなかったからである。国際連盟の力では、それは実現できなかったからである。

しかし、そのひとつの超大国を生むためには、いかなる国が勝者として生き残り、また敗者に転落するかは別として、いちどは世界戦争を経験しなくてはならなかった。それなしに超大国は生めなかった。

世界は最終戦争――永遠の平和をもたらすための最後の戦争という意味――を覚悟した。アメリカはアメリカなりに、ドイツはドイツなりに。そして日本もまた、それを覚悟した。石原莞爾《いしはらかんじ》の世界最終戦論はその覚悟の現れであった。彼の引き起こした満州事変は、それに備えての兵站《へいたん》基地建設であった。超大国は戦火の中からしか生まれないからであった。

しかし世界最終戦ともなると、尋常の軍備では戦えなかった。だからアメリカもそうだが、日本も原爆開発に国運をかけたのである。それが日本の支配層の、一九四五年八月一五日を越えても続く、核へのこだわりとなった。

しかしそれにしても、第一次世界大戦という悲劇を経験しておきながら、その傷も癒えぬ間に、世界はなぜ、超大国を生むためとはいえ、再度の世界戦争など覚悟したのだろうか。

日本も含めた世界中の国が、国家を正義に基づく団体としてではなく、地球上の一角を占める一部の人びと、すなわち各国国民の排他的利益を実現するための団体と捉えはじめていたからであった。

帝国主義の流行

二〇世紀に入るころから、世界はそれを背景に帝国主義に支配されはじめる。次の幸徳秋水《こうとくしゅうすい》の現状認識が、決してオーバーではない状況が生まれていた。

○盛《さかん》なるかないわゆる帝国主義の流行や、勢い燎原《りょうげん》の火のごとく然《しか》り。世界万邦皆《み》なその膝《しっ》下《か》に慴伏《しょうふく》し、これを賛美し崇拝し奉持せざるなし。

○見よ英国の朝野《ちょうや》は挙《あ》げてこれが信徒たり、独逸《ドイツ》の好戦皇帝は熾《さかん》にこれを鼓吹《こすい》せり。露国は固《もと》よりこれをもってその伝来の政策と称せらる、而《しか》して仏《ふつ》や澳《おう》（オーストリア）や伊《い》や、また頗《すこぶ》るこれを喜ぶ。かの米国のごときすら近来甚だこれを学ばんとするに似たり。而して我が日本に至っても、日清戦役の大捷《たいしょう》以来、上下これに向かって熱狂する、悍馬《かんば》の軛《くびき》を脱するがごとし。

（幸徳秋水『帝国主義』）

帝国主義の流行は、いまや枯野を焼き尽くす火のごとく世界を覆っている。イギリス然り、ドイツ然り、ロシア然りである。いちばんそれと縁遠いように思われたアメリカでさえ、その流行に感化されようとしている。そして日本もまた、日清戦争に勝ったのをいいことに、いまやその熱狂のなかにいる、との大意である。

その状況が、第一次世界大戦後になっても、容易に解消しなかったからであった。いつどこで戦争が起きてもおかしくない状況が続いていた。ならばそれを根治させることこそが、第一次世界大戦の教訓であった。国家が利益団体であること自体は否定できないが、それが戦争を誘発することを防ぐことはできる。民族自決権の相互承認システムをつくり上げればよかったのである。

しかしそれには、超大国による力の保障が必要だった。だからあえて世界は、第一次世界大戦後ではあっても、否、その悲劇を経験したからこそ、再度の世界戦争を思い浮かべたのである。

しかしそれにしても、なぜ、二〇世紀に入ると、国家の利益団体化が進んだのか。国家とは本来、正義を実現するための団体であるはずなのに、である。

答えはある意味で簡単であった。一九世紀になってようやく誕生した立憲政《りっけんせい》が、ともに発展した官僚制を統御するのに必要な、強力で専門的な「輿論《よろん》」を生み出す能力に欠けていたからであった。立憲政はなんらかの方法によって、補われなくてはならなくなっていた。そしてそれを補うには、国家が他国との競争関係のなかで必然的に負わされる対外的意思を、国家の主権的意思と見なすというのがいちばん手っ取り早い方法だった。

そしてその方法をとるためには、国家それ自体を、国益追求のための利益団体と見なす必要があったからである。美濃部《みのべ》達吉《たつきち》の憲法学などは、そのための憲法学であった。

立憲政の基層

しかし、ここでまた新たな疑問が生まれる。では、そんなに弱々しい輿論しか生めない立憲政の構築と維持に、なぜ人はそれほどこだわったのだろうか、との疑問である。そんなものなら、さっさと捨ててしまったらいいではないか、と思う人もいるかもしれない。しかし、人はこだわった。たとえ国家=利益団体説が世の主流を占めたとしても、立憲政を捨てようとする人は、なかなか現れなかった。

それほどの立憲政へのこだわりは、なぜ生まれたのか。それは立憲政を昨日今日現れた、単なる政治制度と考えているうちはわからない。それを何百年来の、人の重ねてきた血の滲《にじ》むような労苦の結晶と考えたとき、初めてわかる。

人はなにも好き好んで立憲政のような仕組みをつくったのではない。もし誰かひとりでも、悟りを開き、絶対者然として、王としてこの世を支配できる者がいたのなら、喜んでその支配に服するのが人だ。人は自立的であることを本質とする動物ではない。他者依存的であることを本質とする動物だからである。のちほど第一章で述べるとおりである。

しかし、歴史のある段階で、具体的にいうと鎌倉幕府が誕生した段階で、そういう覚者《かくしゃ》を装える人が、もう誰もいなくなってしまったのである。人の悟りの不能を語る法然《ほうねん》や親鸞《しんらん》が、寵児《ちょうじ》となる時代がやってきた。ならば、人は不完全で、私利私欲に満ちた者同士でありながら、お互いの話し合いだけでこの世を運営していかなくてはならなくなってしまった。

当然、悲劇が社会を覆った。話し合いはかならず決裂し、決裂すれば戦争に発展した。暴力だけがものの善悪を決める、「自力救済万能（フェーデ）」の世界が広がった。それは悲劇だった。

話し合いに基づく輿論政治

いかにすれば話し合いによる政治が実現できるか、その方法を見出すことが、人にとって最大の課題となった。そして多くの人が、多くの思想家が、その課題に挑戦した。

その結果到達したのが、輿論の上に、もうひとつの輿論、より広大で奥行きのある輿論をおき、現実の輿論をそのもうひとつの輿論の規制下におくという方法であった。自由放恣《ほうし》に流れがちな、私利私欲に引き裂かれがちな輿論を、輿論の名において抑制するという方法であった。

では、そのもうひとつの、より広大で奥行きのある輿論とはなにか。それが「死者の輿論」であった。もうこの世にはいない人たちが、歴史のなかで営々と築き上げてきた輿論（多数意思）のことであった。慣習や伝統、古い法律となって現代に残る輿論であった。

祖法と名づけようと、自然法と名づけようと、その死者の輿論を、普通の輿論の上におくことが、話し合いに基づく輿論政治が、戦争へ、フェーデへと転落していかないようにする、最良の方法だったのである。

そして事実、江戸幕府は、この方法を用いて、二百数十年の太平を保った。

しかし、その死者の輿論に基づくという政治手法にも大きな弱点があった。それは、死者の輿論はどこまでも死者の輿論であり、現代的でないという弱点であった。非現実的なものになりがちだという弱点であった。

では、その弱点を乗り越えるには、どうしたらよかったのか。江戸時代後半になると、多くの知の営みがその一点に集中した。

そして考え出された方法は三つであった。

一つは、死者をこの世に呼び出し、今そこにいる死者との対話（祭政一致）を実現することによって、現代的な死者の輿論を生み出すという方法であった。平田篤胤《あつたね》が開発した方法である（132ページ）。やや神秘主義的な方法だが、幕末期に多くの人に支持を得た方法であった。仏教を排斥し、あの世の観念を、人びとから取り去ろうとした人びとは、だいたいこの方法の支持者であった。

いま一つは、万世一系統を継いできた天皇を、代々の国民の支持があればこそそれを継《つな》げてきた天皇として表象し、天皇をもって死者の輿論の代弁者と見なす方法であった。藤田幽谷《ゆうこく》にはじまる水戸学派の人びとがつくり上げた方法であった（139ページ）。

そして三つ目は、一つ目の方法、もしくは二つ目の方法でもって、まさに死者の輿論——だからそれは皇祖《こうそ》皇宗《こうそう》の遺訓——としての憲法（立憲政）を生み、あらゆる立法をその立憲政のルールに基づかせることによって、生者の普通の輿論を、観念上、死者の輿論と同等の生きた輿論たらしめるという方法であった。

多少込み入った方法だが、この三つ目の方法をとって、規範的な、法としての輿論を生み出すのが立憲政だったのである。

だから立憲政は、鎌倉時代以来、じつに七〇〇年にわたる、話し合いによる政治確立の努力の、最終的結晶だったのである。簡単に手放すわけにいかないのは、当然であった。あらゆる現代の改革は、それが存在することを前提に、行われることになったのである。

以上が、私が考えたことである。

そして、かく考えたことを、逆に古い時代から順に、因果的に並べ直してみたのが、本書の叙述である。

第一章

近代を定義するための理論的前提

人の本質は他者依存性

依存理論について

近代とは、いったいいかなる時代のことなのか。あらかじめ定義しておくのが、本書に対する読者の理解を促すうえでも便利だと思うが、ただ歴史学において、ひとつの時代を定義しようと思えば、かならずその前の時代との対比が必要になる。そこで、ここではいっそのこと、人とはなにか、人はなぜ社会をつくり、分業を形づくることができたのか、といったところから考察をはじめ、近代の定義に及ぶことにする。

となると、勢い我われの視線は、人類の古典『聖書』に注がれざるをえなくなるが、『聖書』冒頭の「創世記」の叙述のなかで興味深いのは、未だエデンの園にいた時代のアダムとエバが、神（ヤハウェ）から唯一禁じられたのが、善悪を知る木の実を食べることであった、ということである。

善悪を知るとは、「みずからのなすべきことをみずから決する」ということを意味する。善はなすべきこと、悪はなすべからざることだからである。アダムとエバは、みずからの行為をみずから決することだけはしてはならないと、神に禁じられたのである。

そしてその神の命令を破ったがゆえに、彼らはエデンの園を追われ、労働と出産の労苦を背負わされたのである。

では、それがなぜ興味深いのか。それは、人の本質が、けっして自律（立）的であることではなく、他律的であること、すなわち他者依存的であることを示す物語となっているからである。

人は、肉体の大きさに比して、ほかのいかなる動物よりも巨大な脳をもつ。だから、その脳を使って、きわめて意識的、自律（立）的に生きるものだと、誰しも思いがちである。とくに長い個人主義の伝統をもつヨーロッパ人の場合は、そうである。

しかし、神話はそれを否定しているのである。他者依存的であるところにこそ、人の本質はある、と語っているのである。

そして考えてみれば、それは、ある意味で当然のことであった。人はその巨大な脳をもつがゆえに、出産に異常な困難をともなう。そのために母親の胎内で十分には成長しきらず、きわめて未熟な状態で生まれてくる。そのために、誕生後、成人に達するまで、ほかのいかなる動物よりも長期にわたり、他人の保護を必要とするからである。

分業の原点

そして思うに、この他者依存性こそ、人が社会をつくり、分業（文明）を生み出す原動力なのである。『聖書』は、人が社会と分業を生み出すプロセスを、アダムとエバの最初の子カインとその子孫たちの運命に託して、次のように語っている。

まずカインは、神がなぜみずからを疎《うと》んじ、弟アベルを寵愛するかを計《はか》りかねて、アベルを殺してしまう。そして神に、その罪を問われ、みずから大地の恵みを得て生きることを禁じられる。しかし、生きることだけは許される。要は乞食に転落させられたのである。

しかし、いったん転落してみると、乞食をしていても生きられることにカインは気づく。それどころか乞食をしていれば、食糧をみずから得る労苦からも解放され、みずからの才能を自由に発展させることができることに気づく。

さすがにカイン自身は、その気づきを有意味な成果に結びつけることはできなかったが、その子孫（末裔）たちは、それを、やがてさまざまな職能の形成に結びつけていった。次のごとくにである。

カインはその妻を知った。彼女は身ごもり、エノクを生んだ。彼は町を建て、息子の名前にちなんで、その町をエノクと名づけた。エノクにイラドが生まれた。イラドはメフヤエルをもうけた。メフヤエルはメトシャエルをもうけた。メトシャエルはレメクをもうけた。

レメクは二人の妻をめとった。一人の名前はアダ、もう一人の名前はツィラである。アダはヤバルを生んだ。彼は、家畜をもって天幕に住む者の父祖となった。彼の弟の名前はユバルであって、こちらは竪琴《たてごと》と笛を奏する者すべての父祖となった。

ツィラもまたトバル・カインを生んだ。鍛冶である彼は青銅と鉄を扱う者すべて「の父祖」である。（『旧約聖書Ⅰ』）

かくして分業が形成され、社会が生まれたのである。加えて、大洪水を生き延びたノアが「最初の農夫」となったことによって、農業も成立した。

人は、みずからの生存を支えていくうえで、絶対に欠くことのできない食の確保さえ他人任せにする、他者依存的な存在である。しかし、だからこそ、一人ひとりの得手・不得手（個体差）によって、自由にさまざまな職能を生み出すことができ、分業と社会を生み出すことができたのである。

もし、その食の確保さえ他人任せにするほどの——カインおよびその末裔のごとき——、強烈な他者依存性が人に備わっていなければ、いかに大脳の容量が大きくとも、人はせいぜいそれを、食糧獲得法の向上に使うことぐらいしかできず、分業や社会を生み出すことには成功していなかったはずである。

だから『聖書』などは、冒頭の「創世記」のところにかぎらず、繰り返し、人の他者依存性を強調して止《や》まないのである。

預言者モーゼに率いられてエジプトを脱し、奴隷状態から解放されたはずのイスラエル人たちには、「ほうっておいてくれ、俺たちはエジプト人に仕えたいのだ、荒野で死ぬより、エジプト人に仕える方がましだから」(『旧約聖書I』)と言わせ、なにかあると、隷属すべき王や神を探し求める人の性癖については、神(ヤハウェ)をして、次のように、諦めの言葉を吐かせているのである。

民がお前(予言者サムエル)に言うとおり、彼らの声を聞き入れよ。彼らは、お前を拒絶したのではなく、わたしが彼らの王であることを拒絶したのだ。わたしが彼らをエジプトから導き上った日から今日に至るまで、彼らのしたことといえば、わたしを捨てて他の神々に仕えることだった。そのように、彼らはお前に対してもしているのだ。今は彼らの声を聞き入れよ。ただし、彼らにはっきり警告し、彼らを治める王の権能について教えてやるがよい。
（『旧約聖書Ⅱ』）

当然、『聖書』に限らなかった。ほかの国のほかの古典もまた同じであった。『史記』などの中国の古典も、大洪水を生き延びた三人のうち、天命に従った伏羲《ふっき》と女媧《じょか》には善を、自治をめざした神農《しんのう》には悪を見出している。

我が国の古典『古事記』や『日本書紀』も、母の国（黄泉国《よみのくに》）に行きたいと、感情のおもむくままに行動し、海原を治めよという父（伊耶那岐神《いざなぎのみこと》）の命令に背いた須佐之男命《すさのおのみこと》には悪を、なにをなすにも――高天原《たかまがはら》から須佐之男を追放するときにも、天孫の地上への降臨を決するときにも――、みずからの内に潜む高御産巣日神《たかみむすびのかみ》の指示に従った思金神《おもいかねのかみ》や天照大神には善を見出していた。いずれも、人の本質は、その他者依存性にありと言わんがための、エピソードの挿入であったのである。

言語と貨幣の先験性と神の実在

人の、食糧の獲得さえ他人に依存するほどの徹底した他者依存性こそが、分業と社会の形成の原動力であったとすれば、その人のつくり出す社会には、いくつかの、ほかの動物の群れにはない特徴がともなった。

一つは、そもそもそれは分業で成り立つ社会なのであり、交換・交易が最初から埋め込まれているという特徴であった。言語や貨幣が内蔵されていたのだ。

アメリカ人の言語学者ノーム・チョムスキーが、「人間は、世界との接触が短く、個人的で限られたものであるにもかかわらず、かくも多くのことを知りうるのは、どのようにして可能か」との「プラトン問題」を立て、「語彙《ごい》体系の獲得の速さと正確さから得られる結論はただ一つである。すなわち、子供は言語の経験に先立って何らかの形で概念をもっており、基本的には、既に自分の概念的道具立ての一部になっているいろいろな概念へのラベルを学ぶにすぎない」、あるいは「かなり複雑な事柄に関する知識が、それに関連する経験なしに得られる」（『言語と認知―心的実在としての言語―』）のが人だと自答したように、たしかに人にとって、言語は先験的で、生得的だった。じつは貨幣も同じだった。

しかし、そのことは、チョムスキーが考えたような、人（脳）の個体的進化が、突然変異の蓄積によって言語遺伝子を生み出したからではなかった。

あるいはイギリス人考古学者スティーヴン・ミズンが考えたような、約一〇万年前から三万年前にかけて、人の脳内に起きた、モジュール化した各領域間を取り結ぶ「認知的流動性」の急速な高まりの結果でもなかった（『心の先史時代』）。

それは、人の社会が、そもそも最初から交換・交易を内包する社会として、誕生していたからであった。それが人の能力に、環境因子として作用した結果にすぎなかったのである。

そして二つ目は、その形成が無意識的であり、自然発生的であるという特徴であった。食の確保さえ他人に任せ、みずからはその得手とするところだけを伸ばして生きるタイプの人たちの織りなす社会に、意識性などあろうはずがなかった。

そしてそのことと深くかかわって、三つ目は、自然発生的なものであるにもかかわらず、社会には分業の一定のバランス（調和）の保持が求められる。無意識的に形成される社会に、一定の分業の調和が求められる。ならばその調和は神として表象され、なんらかの理由でその調和が崩れたとき、祟《たた》り（災厄）となって社会に襲いかかる。神が実在し、人は神に支配されるという特徴であった。

ただし、重要なことは、社会形成の無意識性（自然発生性）と分業の調和との矛盾は、周期的に引き起こされる神の祟りぐらいでは、容易に解消されない、より構造的な矛盾であったのだが。

農業の誕生

では、それはどういうことか。そこで想起してほしいのは、『聖書』に描かれた大洪水の物語である。

アダムとエバの子孫たちが繁栄し増殖するありさまを、神は悪のはびこりと捉え、快く思っていなかった。そこである日、「自ら創造した人を大地の面から拭い去」ろうと決意し、大洪水を引き起こす。ただし「その時代にあって義《ただ》しく、非の打ちどころがなかった」ノアとその三人の子ども（セム、ハム、ヤペト）たちだけは助けた。

そして、いったん人類をほぼ皆殺しにしてしまうと、今度は一転、次のように決意した。

「もはやわたしは、人のゆえに大地を呪うことはすまい。人の心の企ては若い頃から悪いのだ。もはやわたしは、このたび行なったように、あらゆる生き物を撃ち滅ぼすことはすまい」と。

「人の心の企ては若い頃から悪い」ことには、なんの変化もないにもかかわらず、である。

では、その心変わりの原因はなんだったのだろうか。考えられるのは、生き残ったノアが「最初の農夫」になってくれたからであった。

そもそも、神が生き残らせるために選んだノアは、神の目から見れば「義《ただ》しく、非の打ちどころがな」い人物であったが、人の目から見れば、葡萄酒に酔うと「天幕で裸に」なる癖のある、やや羞恥心に欠けた、多少愚かな人であった。カインの末裔のように芸術家や職人になるよりは、農民になることのほうが向いた——と『聖書』の編者が判断したであろう——人物だったのである。そのような人を選んで、神は生き残らせた。その期待に、ノアは応えたのである。

人がその他者依存性を遺憾なく発揮して、カインの末裔の如く「家畜をもって天幕に住む者」になったり、「竪琴と笛を奏する者」になったり、「青銅と鉄を扱う者」（鍛冶）になったりすることが、分業を生み、社会を生み出す原動力であったとすれば、そのようにして生み出される社会には、かならず欠けるものがあった。

それは、逆にその依存を引き受け、人に食や、生きていくのに最小限必要な生存環境を提供する側の人びとであった。象徴的な言い方をすれば農民であった。他者依存的であることを本質とする人のなかにあって、あえて農民になろうとする人は、いても稀だからであった。

だから社会は、一度は生まれても、たちまち飢饉や疫病の蔓延のなかに滅び去ってしまうのが、常であった。そのことを洪水伝説は示唆していたのである。人の社会に、分業の調和など、本質的にあり得なかったのである。

したがって、人の社会を永続させようとすれば、社会の形成、分業の形成を自然発生性に委ねっぱなしにしておくわけにはいかなかった。ある段階で、今度は意図して農業・農民を生み、分業の調整（再分配）をしなくてはならなかったのである。
神がノアとその家族だけを生き残らせたのは、その最初の実践であった。

道徳と国家と悟りの誕生

崇神朝の体験から

では、人口の一部を割いて、無理にでも農民にさせるためには、どうしたらよかったのか。その初政（崇神《すじん》五年）において、人口の半分を失う疫病の大流行を経験した崇神天皇の、その後の統治が参考になる。

彼は最終的には、農は国の基だとして積極的な農本主義（勧農）政策をとることになるが、その前提として、ようやく疫病の流行がおさまった直後の崇神一〇年、四道《しどう》将軍（孝元《こうげん》天皇の皇子大彦命《おおびこのみこと》とその子武渟川別《たけぬなかはわけ》、孝霊《こうれい》天皇の皇子吉備津彦《きびつひこ》と、開化《かいか》天皇の皇子彦坐王《ひこますおう》の子丹波道主命《たにはのちぬしのみこと》の四人の将軍）を全国に派遣し、次の果断さをもって、国民教化に乗り出している。「若《も》し教《のり》を受けざる者あらば、乃《すなは》ち兵《いくさ》を挙げて伐《う》て」（『日本書紀』）との。

人口の相当部分を無理にでも農民にしようと思えば、まず、食の確保さえ人に依存し、みずからは得手にそって勝手に生きようとする人の本性に、一定の修正を加えなくてはならなかった。そのためには、みずからの欲求に逆らって生きることを善とする、道徳の観念を涵養しなくてはならなかったのである。

しかし、道徳観念の涵養は、それだけを単独で行えるようなものではなかった。崇神天皇の教化策が、四道将軍の武力を背景にしていたことを忘れてはならない。同時に、強力な支配力をもった国家を確立しなくてはならなかったのである。

では、人がその強力な支配力をもった国家を確立するためには、どうしたらよかったのか。そこで想起すべきは、前述した人の社会の第三の特色である。人の社会には、神がいて、神が支配するという特色である。

そこでみておかなくてはならないのは、『新約聖書』に記された、イエスがキリストになった瞬間の出来事である。


するとその頃〔次のようなことが〕生じた、〔すなわち〕ガリラヤのナザレからイエスがやって来て、ヨハネからヨルダン〔河〕の中で浸礼《バプテスマ》を受けた。そして、水から上がるとすぐに、彼は、天が裂《さ》け、霊が鳩《はと》のように彼のところに降《くだ》って来るのを見た。そして天から声がした、「お前は私の愛する子、お前は私の意にかなった」。

(『新約聖書』)

イエスは、天から鳩のごとく舞い降りてきた「霊」を内蔵したことによって、キリストになった。そして、キリストになるやいなや、たちまち「アーメン、私はお前たちに言う、人の子らは、すべての罪も、〔神を〕冒瀆《ぼうとく》するもろもろの冒瀆も赦《ゆる》されるだろう。しかし聖霊に対して冒瀆する者は、永遠に赦しを得ることがなく、永遠の罪に定められる」（『新約聖書』）と、神を超えたみずからの絶対性を宣言し、さらには次のように、人にみずからへの絶対服従を命じたのである。

しかし、この私はあなたたちに言う、一切誓うな。天にかけても〔誓うな〕。神の御座だからである。地にかけても〔誓うな〕。神の御足の台座だからである。エルサレムにかけても〔誓うな〕。大いなる王の都だからである。あなたの頭《こうべ》にかけても誓ってはならない。あなたは一本の髪の毛すら白くも黒くもできないからである。あなたたちの言葉は「はい、はい」「いいえ、いいえ」であれ。これ以上のものは悪から出るものである。（『新約聖書』）

強力な支配力をもった国家を生み出すためには、このキリストのごとき人物を見出し、王にするしかなかった。（キリストように）神を内在させた人、あるいは（釈迦《しやか》やソクラテスのように）

神同様の存在になった人を探し当て、その人物を王にするしかなかった。

そもそも人の社会を支配するのは神である。その神が人としての意思をもつ形になれば、もともと他者依存的であることが本質の人である、その人物の下に、依存の連鎖（系）を形づくるのは必然的だからであった。

ただ問題は、その種の人を、いかにすれば発見し、あるいはつくり出すことができるかであった。人が神を内在させる、あるいは神同様の存在になることを、ふつう「悟り」というが、いかにすればその「悟り」の技法を確立することができるかであった。

では、その悟りの技法を確立すべく、崇神朝以降に行われたことはなにか。

一つは、万物創造の神として、高御産巣日神の発明であった。万物創造の神は、万物創造の神であるがゆえに万物に内在し、人にも宿る。ならば深い内省が、「悟り」のきっかけになるからであった。詳しくは拙著『卑弥呼と天皇制』を見てほしい。

そしていま一つは、仏教の導入であった。

ソクラテスからの手紙――政治は技術

ちなみに政治における悟りし者（覚者）の必要を、史上初めて論理的に捉えたのは、たぶんソクラテスであった。

プラトンの著書は、その大半が師ソクラテスの言行録だが、その主著『国家』に記されたソクラテスは、次のような議論への反論を通じて、その国家論を立ち上げている。

〈正しいこと〉とはすべての国において同一の事柄を意味している。すなわちそれは、現存する支配階級の利益になることにほかならない、ということなのだ。しかるに支配階級とは、権力のある強い者のことだ。したがって、正しく推論するならば、強い者の利益になることこそが、いずこにおいても同じように〈正しいこと〉なのだ、という結論になる。

（プラトン『国家』）

あるいは、

それにしてもお人好しの本尊のソクラテスよ、正しい人間はいつの場合にも不正な人間にひけをとるものだ。

（『国家』）

との。

国家を強者の道具視し、不正義ではあっても強者の利益にかなうことこそ〈正しいこと〉とする議論に対してである。

ソクラテスは、まず政治は技術――人を統治する技術――だと言い、次のように述べている。

技術が探求する利益とは、その技術がはたらきかける対象にとっての利益になること以外にはないはずだからね。そして技術そのもののほうは、それが正しい意味における技術であるかぎりは――すなわち、それぞれ厳密な意味での技術として、全面的に自分自身の本質を守るかぎりにおいては――完全にして無疵《むきず》なものだ……。

(『国家』)

政治は技術だから、その価値は他の技術同様、その技術の使用価値、すなわち「その技術がはたらきかける対象にとっての利益」によって決まる。それは「馬丁の技術」の価値が「馬丁」の「利益」によってではなく、「馬の利益」によって決まるのと同じだと。

支配するということの矛盾

では、政治という技術の価値を決める「その技術がはたらきかける対象にとっての利益」とはなにか。それについては、次のように述べている。

およそ知識とは、どんな知識でも、けっして強い者の利益になる事柄を考えて、それを命じるのではなく、弱い者の、つまり自分が支配する相手の利益になる事柄を考えて、それを命じるのだ。
（『国家』）

弱者である被支配者の利益であって、けっして強者の利益ではないと。

だから政治が強者の道具となり、不正義ではあっても強者の利益にかなうことこそ〈正しいこと〉とするようなものになってしまうようなことは、原理的にいってありえない、と述べたのである。

ただ、政治が技術であり、基本的に「弱者」の「利益」のために遂行されるべきものであるがゆえに、かかえる矛盾にもソクラテスは目を向けていた。

第一は、およそ支配というものは、「自分のための利益をもたらすものではなくて……支配される側の者の利益をもたら」すために行われるものであるがゆえに、まさにそれゆえに「みずからすすんで支配者の地位につき、他人の災厄に関与して立て直してやろうと望む者は一人もいない」(『国家』)という矛盾であった。

放置すれば、誰ひとりとしてみずから進んで支配者になろうとする者はいない、という矛盾であった。

だから、必要な支配者を確保しようとすれば、国家は大きな「報酬」を用意しなくてはならなかった。その点をソクラテスは、次のように述べていた。

ほかでもない、自分の技術に従って立派に仕事をしようとする者ならば、けっして自分自身のために最善になることを行なうことはないし、また人に命令する場合にも、その技術本来の任務に忠実である限りは同様であって、逆に、被支配者のために最善になることをこそ、行なったり命じたりするのだから。思うに、支配者の地位につくことを承知しようとする者に報酬が与えられなければならないということは、こうした事情によるのだろう。その報酬が金銭にせよ、名誉にせよ、あるいは、拒む者に対しては罰であるにせよね。(『国家』)

結局、人が支配という技術を駆使する動機は、私利私欲にならざるをえなかったのである。それは国家というものの公共性を考えるとき、やはり矛盾であった。

そして第二は、支配が技術である以上、それは専門分化（課）せざるをえないということであった。専門分化（課）した政治は、統一を失う。政治の鵺《ぬえ》化がはじまる。それも矛盾であった。

哲人政治を求めて

では、これらの矛盾を克服するために、どうしたらよかったのか。ソクラテスはグラウコンなる人物に、あえて次のように問わしめ、

とにかく、こういう国制がもし実現したとすれば、こういったすべての善い点や、ほかにもまだ無数の長所があるということは認めますから、もうこれ以上、制度そのもののことは話していただかなくても結構です。いまやわれわれは、肝心かなめの点を、すなわち、それが実現可能であるということ自体を、またいかにして実現可能であるかということを、われわれ自身に納得させるように努めるべきときです。そのほかのことについては、これで話を打ち切ることにしましょう……。

（『国家』）

答えて、次のように述べた。

哲学者たちが国々において王となって統治するのでないかぎり……あるいは、現在王と呼ばれ、権力者と呼ばれている人たちが、真実にかつじゅうぶんに哲学するのでないかぎり、すなわち政治的権力と哲学的精神とが一体化されて、多くの人々の素質が、現在のようにこの二つのどちらかの方向へ別々に進むのを強制的に禁止させるのでないかぎり、親愛なるグラウコンよ、国々にとって不幸のやむときはないし、また人類にとっても同様だとぼくは思う。さらに、われわれが議論のうえで述べてきたような国制のあり方にしても、このことが果たされないうちは、可能なかぎり実現されて日の光を見るということは、けっしてないだろう。さあ、これがずっと前から、口にするのをぼくにためらわせていたことなのだ。（『国家』）

哲学者こそが、政治の頂点に立つべきだと。哲人王を生まなくてはならないと述べたのである。では、それはなぜなのか。哲学者こそ「ある種の知恵は欲求するがある種の知恵は欲求しないと言うのではなく、どんな知恵でもすべて欲求する人」であり、「つねに恒常不変のあり方を保つものに触れることのできる人々のこと」であるからであった。次の「手仕事職人」に喩《たと》えられるべき、例外的な人だからであった。

> まあ待ちたまえ。いますぐにもっと感心するだろうから。いいかね、この同じ手仕事職人は、すべての家具を作ることができるだけではなく、さらに、大地から生じる植物のすべてを作り、動物のすべてを――自分自身もを《ママ》――作り、さらにこれらに加えて、大地と、天空と、神々と、すべての天体と、地下の冥界にあるいっさいのものを作るのだよ。（『国家』）

要は「全体知」の持ち主だったからである。

たしかに私利私欲に動機づけられ、「専門知」＝「部分知」を売りものにする、政治技術者を統括していこうとすれば、その頂点に「全体知」の保持者が君臨するのは、理想であった。

哲学者が「全体知」の保有者である訳

しかし、それにしても、では、なぜ哲学者だけが、他の技術者的政治家とは異なり、専門に特化した知ではなく、「全体知」をもちえるのだろうか。

ソクラテスは、次のように考えた。

君は気づいていないのかね……われわれの魂は不死なるものであって、けっして滅び去ることがないということに？

（『国家』）

あるいは、我われの内面に宿る魂は「不死」である。肉体は亡びても、それだけは死なず、輪《りん》廻《ね》を繰り返す。だから「魂は……すでにいくたびとなく生まれかわってきたものであるから、そして、この世のものたるとハデスの国（黄泉の国）たるとを問わず、いっさいのありとあらゆるものを見てきているのであるから、魂がすでに学んでしまっていないものは、何ひとつとしてない」。だから「徳についても、その他いろいろの事柄についても、いやしくも以前にも知っていたところのものである以上、魂がそれらのものを思い起すことができるのは、何も不思議なことではない」（プラトン『メノン』）と。

だから深く内省し、内なる魂との対話を行える者がいたら、その者は「全体知」を獲得することができるはずだと考えたのである。

それ（魂）を知るためには、われわれが先ほどしていたように、それが肉体との結びつきやその他さまざまの禍いのために、すっかり傷めつけられてしまった姿を見てはならないのだ。

いなむしろ、そうしたものから浄《きよ》められたときに魂がどのような本性を示すかを、思惟の力によってじゅうぶんに凝視しなければならない。そうすれば、それはもっとはるかに美しいものであることを発見するだろうし、また、正義と不正、その他われわれがいま論じたすべてのものを、もっと明確に見定めることができるだろう。

（『国家』）

あるいは「思惟の力によってじゅうぶんに凝視」し、「肉体との結びつきやその他さまざまの禍いのために、すっかり傷めつけられてしまった姿」の向こうにある真の「魂」の姿を見ることができれば、その者は「全体知」を獲得することができるはずである、と。

そして、そうしたみずからを内省する力、「思惟の力」を身につけた者を、彼は哲学者と名づけたのである。

だからソクラテスにとって、哲学者は「全体知」の保持者であり、唯一国家の頂点に立つことのできる者だったのである。

我われの言葉を使えば、「全体知」を手に入れた哲学者とは、まさに悟りし者のことであった。

国家の形成における悟りし者の必要を、史上初めて論理化したのは、たしかにソクラテスだったのである。

なお付け加えておくと、以上のソクラテスの推論は、けっして彼の頭の体操ではなかった。深刻な現実との対決のなかで生まれた推論であった。

なぜならば、そもそも国家とは、富の再分配機構であることに意味のある組織であり、歴史のなかのある段階で、人が富の再分配を行うことの必要を痛切に感じたからこそ、国家は生まれたのである。

なぜ国家は「けっして強い者の利益になる事柄を考えて……命じるのではなく、弱い者の、つまり自分が支配する相手の利益になる事柄を考えて……命じる」存在であり、またそういう存在でなくてはならないのかは、その意味で、ありとあらゆる国家形成者に課せたれた、根本的な問いだったからである。

ソクラテスとほぼ同時代人、孔子《こうし》や釈迦《しゃか》も同じくその問いに直面した「一人」だったのだろう。

悟りの技法としての仏教

しかし、いかなる「悟り」の技法（言説）も、神と人をイコールに置くという無理なことをするがゆえに、長期にわたってその有効性を保持することは困難であった。確立されるや、たちまち自壊に向かって進みはじめるのが、常であった。仏教を例にみておこう。

そこでまず、仏教とはなにかであるが、それがなにかを知ろうと思えば、『法華経《ほけきょう》』に記された、次の釈迦の告白がわかりやすい。

（世間は）「今、世に尊きシャーキヤ＝ムニ（釈迦牟尼）如来《にょらい》はシャーキヤ族の王家から出家され、ガヤーという大都城において、『さとり』のすぐれた壇の頂に坐って、いま、この上なく完全な『さとり』をさとられた」と、このように思っている。しかし、そのように見るべきではない。そうではなくて、良家の息子たちよ、余がこの上なく完全な「さとり」をさとって以来、すでに幾千万億劫《ごう》という多くの時間が経過しているのである。（『法華経』）

私は一般的には釈迦族の王子として生まれ、出家して数十年、修行を重ね、ようやく「悟り」を開いたと思われているが、それは違う。私はすでに「悟り」を開いて「幾千万億劫」年もの時間、この世に生きているのである。そして、さらに今後も「幾千万億劫という多くの時間」を生きつづけるであろう、と述べている。

そして釈迦は、この告白のあとを次のように続けている。

良家の息子たちよ、余は汝《なんじ》らに告げ知らせよう。どのように多くの世界があろうとも、かの男が微粒子を捨てた世界にせよ、捨てなかった世界にせよ、それら幾千万億という世界のすべてに、どれほど多くの微粒子があったとしても、その数は余がこの上なく完全な「さとり」をさとって以来の幾千万億劫の数に及ばないのだ。そのとき以来、このサハー世界において、またその他の幾千万億の世界において、余は人々に教え説いてきた。しかも、その間には、余はディーパン＝カラ如来をはじめとしてもろもろの如来を賞賛した。そして、これらの如来たちの完全な「さとり」のために、余は巧妙な手段を用いて教え説く現実の手段をつくりだしたのだ。

（『法華経』）

気の遠くなるほどの回数の輪廻《りんね》を繰り返してようやく悟りを得た自分は、その後、今度はあり余るほどの時間を使って、本来であれば悟ることのできないはずの「菩薩」以下の人びとにも、悟りのなんたるかを教えるためにはどうしたらいいか、考えつづけてきた。そしてようやくそのための「巧妙な手段を用いて教え説く現実の手段」（悟りの簡易マニュアル）をつくることに成功した、と。

仏教とは、およそ次のような経緯を経て生まれた、万人を悟りに導く教えであった。

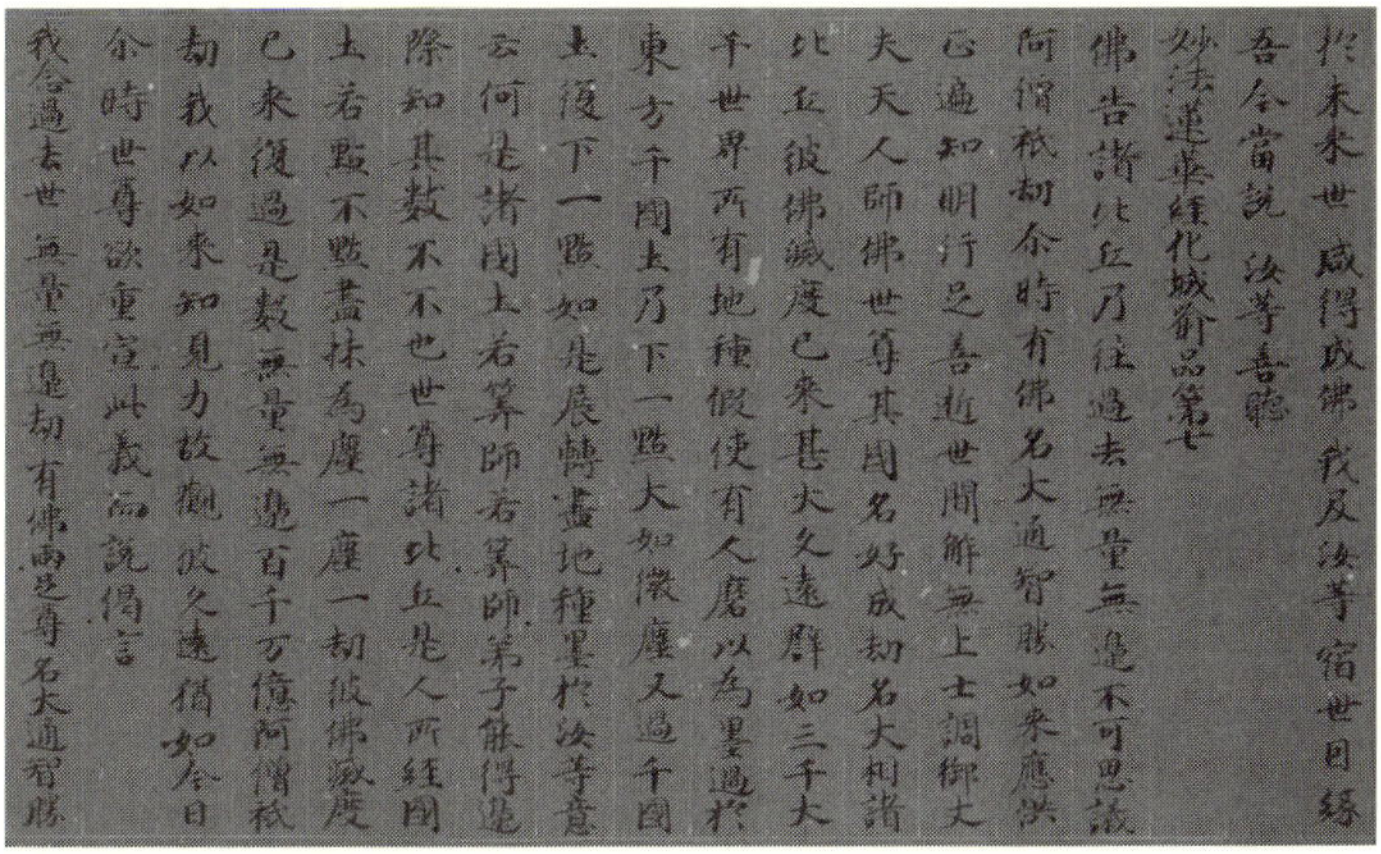
於未來世咸得成佛　我及汝等宿世因緣
吾今當說　汝等善聽
妙法蓮華經化城喩品第七
佛告諸比丘乃往過去無量無邊不可思議
阿僧祇劫爾時有佛名大通智勝如來應供
正遍知明行足善逝世間解無上士調御丈
夫天人師佛世尊其國名好成劫名大相諸
比丘彼佛滅度已來甚大久遠譬如三千大
千世界所有地種假使有人磨以爲墨過於
東方千國土乃下一點大如微塵又過千國
土復下一點如是展轉盡地種墨於汝等意
云何是諸國土若算師若算師弟子能得邊
際知其數不不也世尊諸比丘是人所經國
土若點不點盡抹爲塵一塵一劫彼佛滅度
已來復過是數無量無邊百千萬億阿僧祇
劫我以如來知見力故觀彼久遠猶若今日
爾時世尊欲重宣此義而說偈言
我念過去世　無量無邊劫　有佛兩足尊　名大通智勝

「法華経」　初期大乗仏教教典のひとつ「正しい教えである白い蓮の花の経典」の漢訳本。日本では護国の教典とされた。とくに天台宗、日蓮宗では重視された。

まずは、釈迦が「幾千万億」などといった数字で数えなくてはならないほどの、気の遠くなるほどの「輪廻」を繰り返し、修行を重ねた結果、ようやくこの世のすべてのことを知り、「悟り」に到達した。

そして、「悟り」に到達したがゆえに、釈迦はもうそれ以上「輪廻」を繰り返す必要がなくなったから、ふつうは涅槃《ねはん》の境地に入り永遠の眠りについたと思われているけれども、実際は逆で、半永久的な生命（無量寿《むりょうじゅ》）を得て、姿は見せないが、長くこの世にとどまる（久遠実在《くおんじつざい》）ことになった。

すると、「悟り」を得た者が、「悟り」を得たあともこの世にとどまりつづけるのである。釈迦には新たにすることが生まれた。それが、とうてい自力では「悟り」に到達することのできない「菩薩」以下の普通の人たちのために、「巧妙な手段を用いて教え説く現実の手段」をつくり出すことであった。誰しもが理解可能な「悟りのマニュアル」をつくり出すことであった。

そして、その課題を釈迦は果たした。その結果、人に応じて「悟り」の方法を説く大量の「方便」（教典）――悟りのマニュアル――が、この世に生み出されたのである。

かくて成立した、万人を「悟り」に導く教え、それが仏教であった。

末法到来

しかし、人にはこの仏教成立史が信じられなかった。信じたふりはしても、心の底からは信じられなかった。やはり釈迦は、「悟り」を開くとともに涅槃の境地に入り、永久の眠りについたと、誰もが考えた。釈迦も所詮は人である。人の「無量寿」など、信じろというほうが、土台無理だったからである。

ただそのことの結果は深刻であった。釈迦が「悟り」とともに「無量寿」を得たという前提が崩れると、諸々の「方便」＝教典の権威がいっきょに崩壊してしまうからであった。「悟り」を得た者が、「悟り」を得たあと、「悟り」得ぬ者たちに「悟り」のなんたるかを教えるべく、考えあぐねた末に生み出した「巧妙な手段を用いて教え説く現実の手段」が「方便」だという前提があるからこそ、「方便」には「悟りのマニュアル」としての権威が備わっていた。

しかし、「悟り」を開くと同時に釈迦が死んだとなると、「方便」は、未だ「悟り」の途上にあった釈迦の語りということになってしまうし、それよりもなによりも、「悟り」＝全知の獲得といいながら、「方便」には、釈迦入滅後の知が含まれていないことになってしまう。

釈迦は、入滅後、もうこの世にいないのである。釈迦の知は、釈迦が死ぬ時点までの知ということになってしまい、時間の経過とともに絶対性、全知性を喪失していく。たとえ釈迦の教えをすべて受け継いだとしても、もはや「悟り」には至れなくなってしまうからであった。

そして釈迦の「無量寿」が信じられなければそうなることを、人びとは明瞭に感じ取っていた。だから彼らは、釈迦入滅後、時間の経過とともに、釈迦の教え――具体的には「方便」――がどんどん劣化し、その効力を失っていくとする、正・像・末三時説、すなわち末法思想を生み、それを信じたのである。

当然それを信じた人びとのなかには、最澄《さいちょう》や空海《くうかい》のような、当代一流の知識人たちも含まれていた。だから人が釈迦の「無量寿」が信じられなくなった瞬間、「悟り」の技法としての仏教は、自壊に向かったのである。

そして一二世紀の末、それにとどめを刺したのが法然《ほうねん》であった。彼は次のように言い、「悟

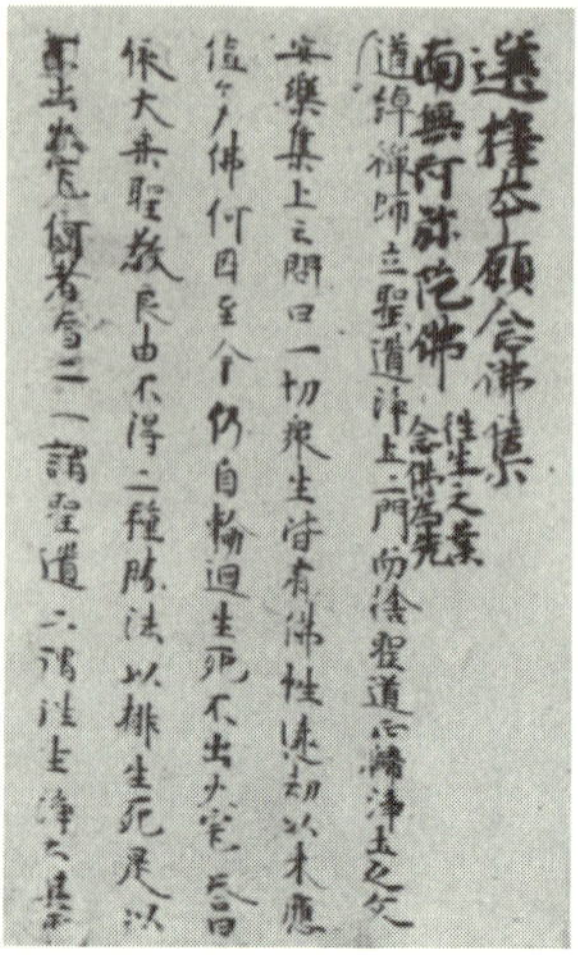

選擇本願念佛集
南無阿彌陀佛　往生之業　念佛為先
道綽禪師立聖道淨土二門而捨聖道正歸淨土之文
安樂集上云問曰一切衆生皆有佛性遠劫以來應
值多佛何因至今仍自輪廻生死不出火宅答曰
依大乘聖教良由不得二種勝法以排生死是以
不出火宅何者為二一謂聖道二謂往生淨土

法然（右、1133～1212）と「選択本願念仏集」（左）　平安中期以来の浄土教信仰の伝統をひきながら、法然はそれを一歩進め、人の悟りの不能と専修念仏を説いた。

り」の絶対的不能を説いたのである。

「一切衆生《しゅじょう》は皆仏性《ぶっしょう》」などと言われて、「輪廻」を繰り返し、ひたすら「多仏」（多くの仏）と出会い、教えを乞うて、修行に励んでみても、人がいっこうに悟りに至らないのは、ひとつには釈迦がこの世を去ってすでに久しい――末法になった――からであるが、もうひとつは、人のものの理解力がそもそも、この世の真理に比べて、小さすぎるからである。「理は深く解は微なるによる」。小さすぎるものは、いくら積み重ねてみても真理には及ばない。

したがって人は、悟りを開き、真理を極めることそのものをあきらめ、「極楽往生」して「阿弥陀如来」の救いに身を任せるべきである（『選択本願念仏集』）、と。

けっして仏教だけではなかった。あらゆる「悟り」の技法が、この仏教の運命をたどったのである。考えてみれば、鎌倉時代ぐらいになると、いつの間にか高御産巣日神《たかみむすびのかみ》も神道の主役の座を去っていた。

近代とはなにか

かくて我われは、今、近代を定義できる地点に到達した。

近代とはなにか。それは第一に、人の「悟り」が不能になり、この世に王を生み出す論理が存在しなくなった時代であった。社会に意識性を持ち込む契機がとりあえず消滅した時代であった。

そして第二に、誰ひとり正当な王はいないから、やむをえざる選択として、人びとの合議・合意に基づく政治、輿論《よろん》政治が、形はどうであれ政治の基本になる時代であった。人が王を戴かなくても生きていけるほど自律（立）的な存在になったから、輿論政治が生まれたのではない。「悟り」、王になれる者が、この世に誰ひとりいなくなってしまったから、輿論政治は生まれたのである。それはどこまでも負の選択であった。

そして第三に、人はもう誰も悟りを求められることはなくなったから、その他者依存性を縦横に発揮し、自由に生きていくことが認められる時代になった。自由とは、自律のことではない。他律的だからこそ好き放題をする「子供の自由」のことであった。

以上が、近代の定義となる。

第二章

近代のはじまりについて

そのはじまりの言説――『愚管抄』

近代のはじまりは鎌倉時代

前章で定義した近代はいつはじまったのか。人が思うように、ペリー来航によってか。否、鎌倉幕府の成立によってである。

それを象徴するのが、鎌倉時代初期、天台座主《てんだいざす》を勤めた慈円《じえん》の『愚管抄《ぐかんしょう》』の時代認識、社会認識であった。慈円はまず次のように述べた。

日本国の世のはじめより次第に王臣の器量果報衰えゆくにしたがいて、かかる道理を作りかえ作りかえして世の中は過ぐるなり。劫初劫末《こうしょこうまつ》の道理に、仏法王法、上古中古、王臣万民の器量を、かくひしと作りあわするなり。（慈円『愚管抄』）

要約しておくと、国のはじまりから今日まで、王であれ臣下であれ、人の能力はどんどん衰えてきているが、そのつど人は道理をつくりかえ、つくりかえして、なんとか今日まで生きてきた。

いつの時代にも通用するふつうの道理に、仏法や王法、それに昔の人の智慧、あるいは今いるさまざまな人の智慧を付け加えて、生きてきた、と。
そして、それを次のように続けた。

世と申すと人と申すとは、二つの物にてはなきなり。世とは人を申すなり。その人にとりて世と言わるる方は公道理《おおやけどおり》とて、国のまつりごとにかかりて善悪を定むるを世とは申すなり。人と申すは、世のまつりごとにも臨《のぞ》まず、すべて一切の諸人の家の内までをだしくあわれむ方のまつりごとを、また人とは申すなり。その人の中に国王よりはじめて賤《あや》しの民まで侍《はべ》るぞかし。

（『愚管抄』）

これも要約しておくと、世の中のことには、国の政治にかかわって、善悪の判断を下していく公事と、国の政治などにはかかわらず、ひたすら家の中のことに専念する私事とがあるが、どうしてもその私事を優先してしまうのが人というものである。その点においては、国王であれ、庶民であれ、なにも違わない、と。

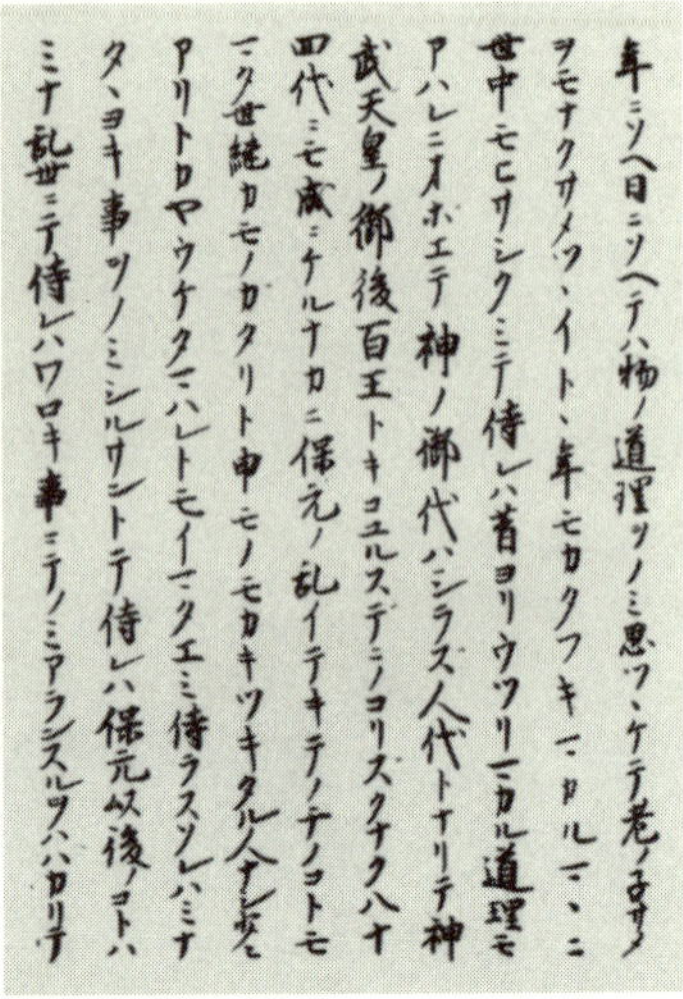
年ニソヘ日ニソヘテハ物ノ道理ヲノミ思ツヽケテ老ノネサメ
ヲモナクサメツヽイトヽ年モカタフキマカルマヽニ
世中モヒサシクミテ侍レハ昔ヨリウツリマカル道理モ
アハレニオホエテ神ノ御代ハシラス人代トナリテ神
武天皇ノ御後百王トキコユルスデニノコリスクナク八十
四代ニモ成ニケルナカニ保元ノ乱イデキテノチノコトモ
マタ世継カモノカタリト申モノモカキツキタル人ナシ少々
アリトカヤウケタマハレトモイマタエミ侍ラスソレハミナ
タヽヨキ事ヲノミシルサントテ侍レハ保元以後ノコトハ
ミナ乱世ニテ侍レハワロキ事ニテノミアランスルヲハヽカリテ

慈円(1155～1225)と『愚管抄』 関白藤原忠通の子。弟は九条兼実。鎌倉初期には長く天台座主の任にあり、『愚管抄』を書いて後鳥羽上皇の挙兵を諫めるなど、激動を生きた。

慈円はまず、明らかに歴史の見方において末法思想に立っていた。「日本国の世のはじめより次第に王臣の器量果報衰えゆく」というのだから、そうなる。この世の中は段々に悪くなる。人の「器量果報」はどんどん衰えていき、「国王」であっても、やがて「世のまつりごと」よりも「家の内」の「まつりごと」のほうを大切に思うようになる。ましていわんや「賤しの民」においてをや、というのである。

といって、だからたちまちこの世の中は亡びてしまうかというと、そうは思っていなかった。王であれ臣であれ、一人ひとりの「器量果報」は衰えていくのだから、それらを「ひしと作りあわ」せて、つまり合

『愚管抄』に描かれた歴史の諸段階

	結合される統治の主体	時代
第１段階	天皇	神武天皇〜成務天皇
第２段階	天皇 ＋ 皇族	神功皇后〜敏達天皇 (〜6世紀後半)
第３段階	天皇 ＋ 皇族 ＋ 臣下	推古天皇〜大化改新 (6世紀末〜645年)
第４段階	天皇 ＋ 皇族 ＋ 藤原氏	奈良・平安時代 (8世紀〜12世紀末)
第５段階	天皇 ＋ 皇族 ＋ 藤原氏 ＋ 将軍	保元の乱〜(1156年〜)

慈円は、人の能力の衰えとともに、世の中を維持していくためには、より多くの人の能力が結合されなくてはならないと考え、かかる歴史の発展段階を描いた。

成意思をつくり上げることによって、人はなんとかこれまでも生きてきたし、これからも生きていくだろうと考えていた。

歴史を、上の表にあるように、「王臣」の「器量果報」が衰えていくのに反比例して、「ひしと作りあわ」される「器量果報」が次々と増加していく課程と捉えていたのは、その証《あかし》であった。

まさにそれこそ、人の「悟り」が不能になったがゆえに、輿論政治が求められた――末法ゆえの輿論政治の――時代にふさわしい社会認識であり思想であった。

かかる思想が成立し、それが「道理」という観念とともに普遍化した時代、それが鎌倉時代であった。だから鎌倉時代は、この国における輿論政治のはじまりの時代であり、近代のはじまりだったのである。

「道理」とはなにか

今みてきたように、慈円は人が悟れなくなった時代において、誰かの意思として、真理が告げられることはもうないと考えていた。一人ひとりは不完全な「王」や「臣」が、それぞれに「道《どう》理詮《りせん》」（主観的判断）を重ね、それらが時間をかけて「ひしと作りあわ」された結果生まれるものが、真理だと考えていた。輿論政治論者らしい真理観をもっていた。「劫初劫末の道理に、仏法王法、上古中古、王臣万民の器量を、かくひしと作りあわするなり」との部分がそのことを示していた。

だから彼は、真理とは、そのように時間をかけて、多くの人の思惟の積み重ねとして形成されるものだから、道になぞらえて「道理」と名づけたのである。慈円の末法観、その輿論政治論が、「道理」という言葉で象徴された所以であった。

そして重要なことは、その「道理」なる観念が、鎌倉時代においては、すでに社会のあらゆる側面を規律する社会規範となっていたということである。貞永《じょうえい》元年（一二三二）に関東御成敗式目（貞永式目）を制定したとき、制定者、執権《しっけん》北条泰時《やすとき》が、連署《れんしょ》である弟の重時《しげとき》に、次のようにその制定の趣旨を書き送ったことは有名である。

御成敗《ごせいばい》候べき条々の事注《ちゅう》され候状を、目録と名づくべきにて候を、さすがに政《まつりごと》の体をも注し載せられ候ゆえに、執筆の人々さかしく式条と申す字をつけあて候間、その名をことごとしきように覚え候によりて式目とかきかえて候なり。その旨を御存知あるべく候歟《か》。さてこの式目をつくられ候事は、なにを本説として被注載之《ちゅうしのせらるるの》由《よし》、人さだめて謗難《ぼうなん》を加事《くわうること》候歟。ま事にさせる本文にすがりたる事候わねども、ただ道理のおすところを被記《しるされ》候者なり。

（「北条泰時消息」北条重時宛〔貞永元年九月一一日〕）

本法の制定にあたっては、名づけをどうしたらいいか迷ったが、結局「式目」とすることにした。また、いかなる法を基につくったかということについても、あれこれ言う人がいるが、そんなものはあまりなく、ただひたすら道理の示すところに基づいてつくったと、述べていた。

国家の最高法規でさえ「ただ道理のおすところを被記候者」として編纂されていたのである。ならば、慈円の末法観・輿論政治観が、けっして慈円個人のものでないことは明らかであろう。『愚管抄』的言説の成立は、鎌倉時代が近代のはじまりであったことを示していたのである。

『神皇正統記』の考え方

末法観に基づく輿論《よろん》政治という言い方をしたにせよ、鎌倉時代をもって輿論政治の時代のはじまりとするというのは、やはり日本史の常識とは、大きくかけ離れている。そこで、本当にそんなことが言えるのかどうか確かめるために、以下二つほどの言説について検討を加えておくことにする。

「皇化」から「人望」へ

一つは、北畠親房《きたばたけちかふさ》の『神皇正統記《じんのうしょうとうき》』の言説であり、もう一つは、伊勢神宮外宮《げくう》の神官度会《わたらい》氏の人びとがつくり上げた、伊勢神道（度会神道）の言説である。まずは『神皇正統記』の言説から取り上げる。

『神皇正統記』とは、後醍醐《ごだいご》天皇を支え「建武《けんむ》の中興」を成し遂げた南朝方の公家のひとり北畠親房が、後醍醐亡き後を継いだ後村上天皇に対して与えた「政治教訓書」であるが、その中身を象徴するのが、承久《じょうきゅう》の乱《らん》を引き起こした後鳥羽《ごとば》上皇を、次のごとく激しく非難している点である。

「下《しも》の上《かみ》を剋《こく》するは、きわめたる非道なり。終《つい》にはなどか皇化に不順《まつろわざる》べし」、されど「王者の軍《いくさ》

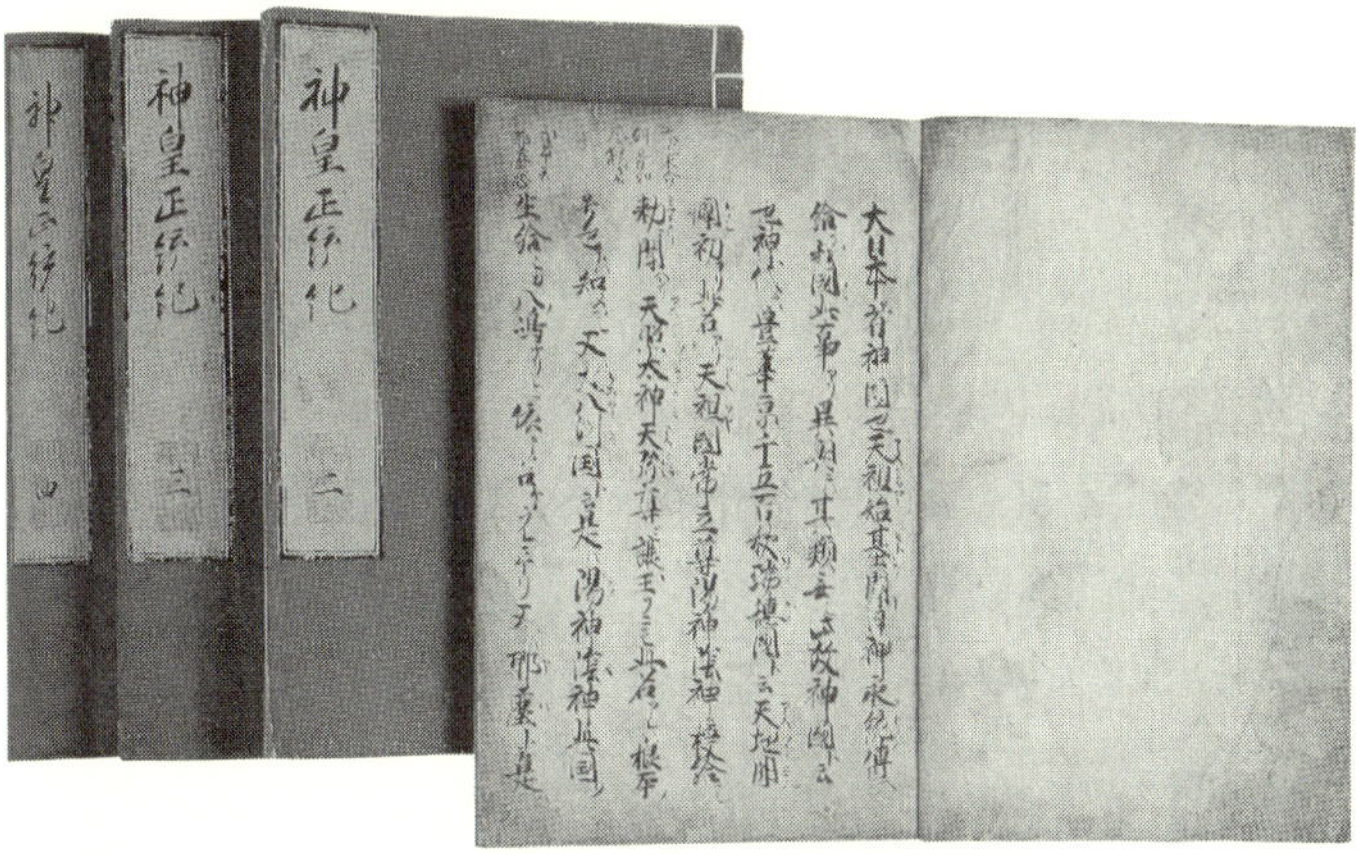

『神皇正統記』　北畠親房が、後醍醐天皇の死後、幼帝後村上天皇に宛て、常陸国の陣中で書いたとされる政治教訓書。後世、水戸学に多大の影響を与えた。

というは、咎《とが》あるを討じて、きずなきをば滅ぼさず。……義時久しく彼が権をとりて、人望にそむかざりしかば、下には未だきず有というべからず。一往のいわればかりにて追討せられんは、上の御咎とや申すべき」と述べている。

下剋上《げこくじょう》というものは、たしかによくない。とはいえ「王者」の行う戦というのは、咎ある者を討ち、咎なき者を滅ぼさないのが常である。人望もあり、けっして咎もない北条義時を「皇化」に従わせたいという理由だけで滅ぼそうとしたのは、明らかに後鳥羽上皇のほうの「御咎」であった、と。

北畠といえば、武家政権を蛇《だ》蝎《かつ》のごとく嫌い、今も述べたように、後《ご》醍醐《だいご》天皇を支えて「建武の中興」を成し遂げた人物である。当然、一〇〇年前に、憎き鎌倉幕府に対して早すぎる反乱を試みて敗れた後鳥羽上皇に対しては、同情的であって然るべしとは、誰しも思うところである。しかし、じつは彼は、後鳥羽上皇のほうを糾弾《きゅうだん》して憚っていないのである。

では、それはなぜか。たしかに彼にとって、下剋上はあってはならないことであり、政権はいつかは幕府から朝廷に返されるべきものであった。前段はそのことを語っている。しかしそれよりもなによりも、政治はまず「人望」に基づかなくてはならないというのが、彼の考え方だった。「人望」に背きさえしなければ、たとえ下剋上によって生まれた政権であっても肯定するというのが、彼のスタンスであったからである。

だから後鳥羽とは逆に、保元《ほうげん》・平治《へいじ》の乱以来数十年に及ぶ内乱の時代に終止符を打ち、天下に太平をもたらした源頼朝《よりとも》や北条泰時については、「皇威の衰え」をつくった原因者と見立てる声もあるなかで、「神は人をやすくするを本誓《ほんぜい》とす。天下の万民は皆神物《じんもつ》なり。君は尊くましませど、一人を楽しましめ万民を苦しむる事は、天も許さず神も采配せぬいわれなれば」なりとの理由で、すなわち、神はいくら尊くても、ひとりの天皇を楽しませることを専らとはしない、天下万民に安堵を与えることのほうを優先させるとの理由で、高く評価したのである。

そして重要なことは、そもそも『神皇正統記』という書物は、その「皇化」を上回る「人望」という価値基準に乗っ取って、万世一系天皇の正当性を語るべく書かれた書物だったということである。

その日本的易姓革命思想

『神皇正統記』において、彼はまず「易姓革命《えきせいかくめい》」を肯定した。易姓革命とは、「人望」を失った王朝は同時に「天命」も失い、別の王朝に交代を余儀なくされるという考え方である。武烈《ぶれつ》天皇について「性さがなくまして、悪としてなさずと云《いう》ことなし」と述べ、称徳《しょうとく》天皇について「尼ながら位に居給《たまい》けるにこそ。非常の極《きわみ》なりけんかし」と述べ、陽成《ようぜい》天皇について「性悪にして人主の器《うつわ》にたらず」と述べたうえで、「我国は王種のかわることはなけれども、政みだれぬれば、暦数久しからず。継体《けいたい》もたがうためし、所々にしるし侍《はべ》りぬ」と述べていたのは、その証拠であった。

我が国は、万世一系、皇統の変わることのないところに特色のある国だが、それでも政治が乱れれば、王も寿命を全うすることができず、皇位の継承もままならなくなるのは、他国と同じだと述べていたのである。

しかし、ただ単純に肯定したわけではなかった。その一方で同時に「大日本《おおやまと》は神の国なり。天祖《あまつみおや》はじめて基《もとい》を開き、日神《ひのかみ》ながく統を伝え給う。我が国のみこの事あり。異朝にはそのたぐいなし。この故に神の国というなり」と述べ、日本が万世一系の皇統を伝える、「神国」と呼ぶにふさわしい特殊な国であることも強調していた。

では、それはなんのためにか。「同じ世界の中なれば、天地開闢《かいびゃく》の初めはいずくもかわるべきならねど、三国の説各《おのおの》ことな」ることに現れているように、同じことでも、国が違えば違った現れ方をするというためであった。たしかに天地開闢は世界中同じであるはずなのに、社会によって異なる描かれ方をしている。「易姓革命」も日本では、「神国」にふさわしい、特殊な現れ方をするというためであった。

では、その「易姓革命」の、日本的に特殊な現れ方とは、いかなる現れ方だったのだろうか。それが次の、希代の悪王武烈天皇亡きあとに継体天皇が登場した、その現れ方であった。

仲哀《ちゅうあい》・応神《おうじん》の御後《おんのち》に仁徳《にんとく》つたえ給えりし、武烈悪王にて日嗣《ひつぎ》たえましし時、応神五世の御孫にて、継体天皇えらばれ立ち給《たま》う。これなむめずらしきためしに侍《はべ》る。されど二をならべてあらそう時にこそ傍正《ぼうしょう》の疑もあれ、群臣皇胤《こういん》なきことを憂えて求め出《いだ》し奉りしうえに、その御身賢《けん》にして天の命を受け、人の望みにかないましましければ、とかくの疑あるべからず。

（北畠親房『神皇正統記』）

悪王ゆえに武烈天皇の家系の絶えたとき、「易姓革命」同様のことが起こり、「その御身賢《けん》にして天の命を受け、人の望みにかないましましけ」る――賢さと人望を基準に――新たな天皇（継体天皇）が、大伴金村《おおとものかねむら》ら群臣の推挙により即位したが、即位してみるとその継体天皇が、たまたま応神天皇五世の孫であったために、結果的に皇統の断絶は避けることができた。「易姓革命」が起こりそうになると、かかる「めずらしきためし」がかならず起きるという現れ方であった。称徳天皇亡きあともそうであったし、陽成天皇排除のあともそうであった。

そして北畠は、この「めずらしきためし」の繰り返しの帰結が、万世一系、皇統の連続だったと考えたのである。

革命から復古へ

Aにはじまり E まで続いた王朝（A王家）をFが覆し、Fにはじまり L まで続いた王朝（F王家）をMが覆すといった二度の「易姓革命」を想定すると、中国では次ページの上図のように、それは二度の王朝転換――文字どおりの易姓革命――になるが、日本では次ページ中図のように、二度の皇統内家系転換にしかならない。

したがって、それで皇統の連続性が損なわれることはない。この「めずらしきためし」のゆえ

北畠親房の考えた「易姓革命」のパターン

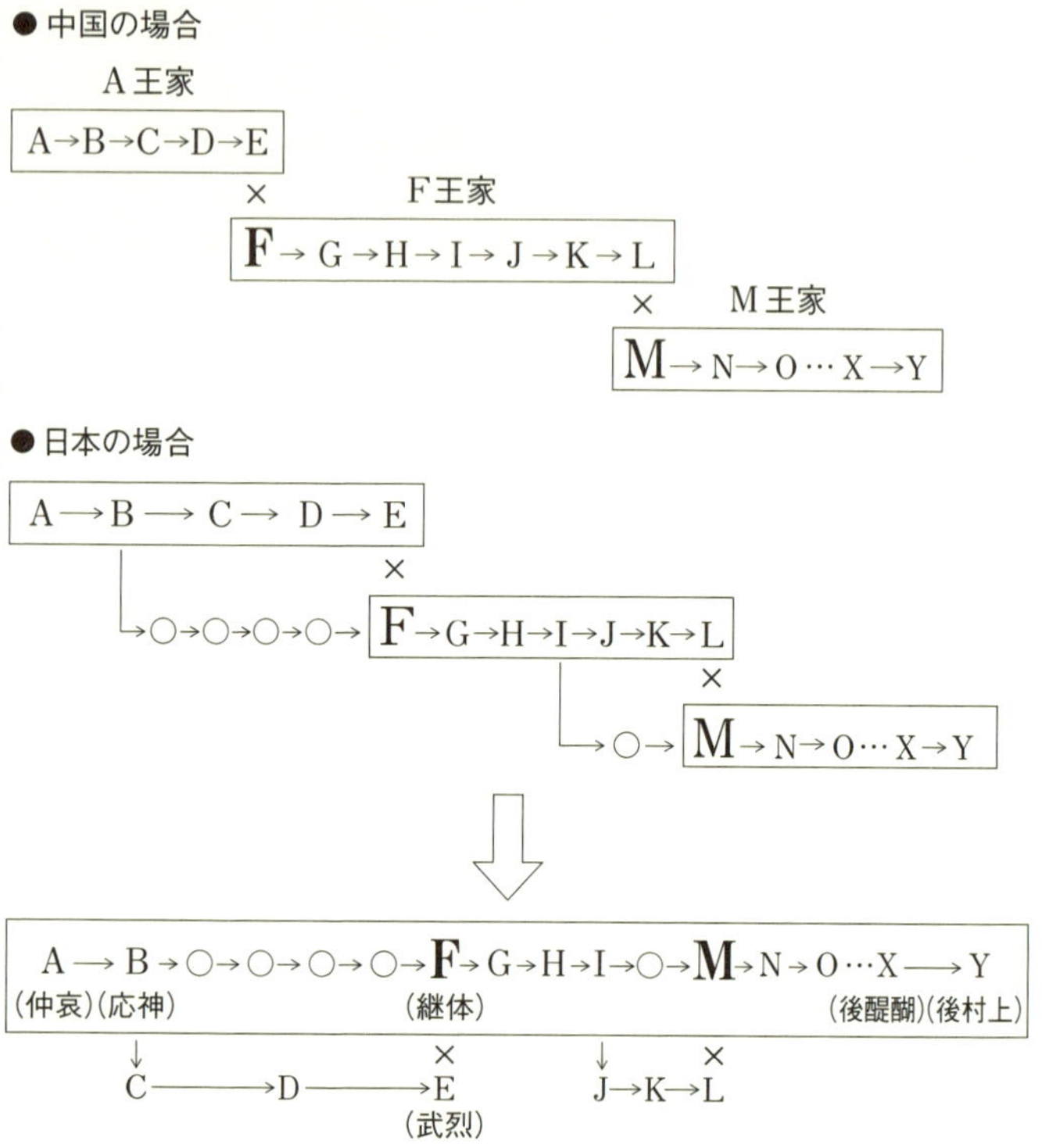

中国では2度の易姓革命になる現象が、日本では2度の皇族内の家系転換になり、さらにそれが、皇族内の正統の家系の２度にわたる復古と認識されるに至るプロセスを模式化した。

に、逆にこの国では、繰り返される「易姓革命」が、皇統の連続性を強化することにつながったと、彼は考えたのである。

しかも、彼は日本の場合、右の下図に読み替えることを忘れなかった。二度にわたる家系転換を、Aにはじまる家系の、二度にわたる復活劇と捉えたのである。

「易姓革命」が家系転換に終わる、その「めずらしきためし」の原因を、仲哀天皇（A）・応神天皇（B）にはじまり、後醍醐《ごだいご》天皇（X）・後村上《ごむらかみ》天皇（Y）に至る家系の、神秘的な復古力に求めたのである。

彼が皇統のなかでも、仲哀にはじまり後村上に至る家系を「正統」と捉え、その著書を『神皇正統記』と名づけた理由であった。

また、後醍醐天皇亡きあと、足利幕府との戦いに悪戦苦闘する後村上天皇を励ますのに、次のように述べた理由でもあった。

昔仲哀天皇熊襲《くまそ》を攻めさせ給いし行宮《かりみや》にて神さりましましき。されど神功皇后《じんぐうこうごう》程なく三韓を平らげ、諸皇子の乱をしずめられて、胎中《たいちゅう》天皇（応神天皇）の御代に定まりき。この君聖運ましましかば、百七十余年中《なか》絶えにし一統の天下をしらせ給いて、御目の前にて日嗣を定めさせ給《たま》いぬ。……今の御門《みかど》（後村上天皇）また…正統を受けましましぬれば、この御光に争い奉る者やはあるべき。なかなかかくてしずまるべき時の運とぞおぼえ侍る。

（『神皇正統記』）

さらに付け加えておけば、日本を「神国」と規定したのも、この仲哀・神功・応神にはじまり後醍醐・後村上に至る「正統」のもつ不思議な復古力に、説得力を与えるためでもあった。以上、『神皇正統記』は、易姓革命思想をもって、万世一系天皇の正当性を語るために書かれた書物だったのである。

では、易姓革命思想をもって万世一系天皇を正当化するとは、どういうことだったのか。易姓革命思想とは、先にも触れたが、王朝の存廃は「天命」に基づき、「天命」は「人望」に基づくという思想であった。「人望」を失った王朝は「天命」を失い、「天命」を失った王朝は亡びる、新王朝にとって代わられるという思想であった。

その思想でもって万世一系天皇の正当性を証明する、というのである。それは、表面上は血統に基づくはずの天皇の正当性も、煎じ詰めれば「人望」に基づくものだというためであった。『神皇正統記』は、その全体が、天皇の正当性を「人望」に基づく正当性に読み替えるために書かれた書物だったのである。その後鳥羽評や頼朝評、北条泰時評は、そのために盛り込まれたエピソードにすぎなかった。

したがって『神皇正統記』が書かれたこと自体が、鎌倉時代以降この国がすでに輿論政治の時代に入っていたことの証明となっていたのである。

伊勢神道の考え方

豊受大神と天之御中主神

次いで伊勢神道であるが、伊勢神道というのは、そもそも、伊勢神宮外宮《げくう》の神官家、度会《わたらい》氏の人びと（忠行・家行）が、鎌倉時代になって、本来天照大神《あまてらすおおみかみ》（内宮《ないくう》）に仕える御饌都《みけつ》神にすぎない――いわば食事係の神にすぎない――外宮の祭神豊受大神《とようけおおみかみ》を、天照大神と同格の神に祭り上げるためにつくり上げた神道であった。

『倭姫命世記《やまとひめせいき》』（伊勢神宮由緒書）によれば、豊受大神というのは、天照大神が、崇神《すじん》天皇の宮殿を追われたあと、諸国を放浪し、最後に伊勢にたどり着いたとき、斎宮《さいくう》倭姫命（垂仁《すいにん》天皇の娘）に命じて「丹波《たんば》国与佐《よさ》の小見比治《おみひぬ》の魚《ま》井原《いのはら》」から呼び寄せた神であり、「朝《あした》の大御饌《おおみけ》夕《ゆうべ》の大御饌を、日別に斎《いみ》き敬いこれを供進」することを任務としていた。

その神が、天照大神に次の言葉によって、天照大神と同格、もしくはそれ以上の神になったというのが伊勢神道であった。

吾が祭り奉仕《つかへたてまつ》るの時には、先づ止由気太神（豊受大神）宮を祭り奉るべし。然《しか》して後に我が宮の祭りの事をば勤め仕うべきなり。（『倭姫命世記』）

ただそうは言っても、皇祖神、天照大神に対する単なる奉仕の神にすぎない豊受大神を、天照大神と同格、もしくはそれ以上の神にしようというのである。それが相当の困難な作業であることは、明らかであった。

では、度会氏の人びとは、その困難をどう乗り越えたのか。豊受大神と、次の『古事記』冒頭に出てくる天之御中主神《あめのみなかぬしのかみ》とを同体化させることによって、乗り越えたのである。

天地初《あめつちはじ》めて発《ひら》けし時、高天《たかま》の原《はら》に成れる神の名は、天之御中主神。次に高御産巣日神《たかみむすひのかみ》。次に、神産巣日神《かみむすひのかみ》。この三柱《みはしら》の神は、みな独神《ひとりがみ》と成りまして、身を隠したまいき。

次に、国稚《わか》く浮きし脂《あぶら》の如《ごと》くして、海月《くらげ》なす漂へる時、葦牙《あしかび》の如く萌え騰《あが》る物によりて成れる神の名は、宇摩志阿斯訶備比古遅神《うましあしかびひこぢのかみ》。次に天之常立神《あめのとこたちのかみ》。この二柱の神もまた、独神と成りまして、身を隠したまいき。

上《かみ》の件《くだり》の五柱《いつはしら》の神は、別天《ことあま》つ神。

次に成れる神の名は、国之常立神《くにのとこたちのかみ》。次に、豊雲野神《とよくもののかみ》。この二柱の神もまた、独神と成りまして、身を隠したまいき。

次に成れる神の名は、宇比地迩神《うひぢにのかみ》、次に妹須比智迩神《いもすひぢにのかみ》。次に角杙神《つのぐひのかみ》、次に妹活杙神《いもいくぐひのかみ》。次に意富斗能地神《おほとのぢのかみ》、次に妹大斗乃弁神《いもおほとのべのかみ》。次に於母陀流神《おもだるのかみ》、次に妹阿夜訶志古泥神《いもあやかしこねのかみ》。次に伊耶那岐《いざなきの》神《かみ》。次に妹伊耶那美神《いもいざなみのかみ》。

上の件の国之常立神以下《よりしも》、伊耶那美神以前《よりさき》を、併せて神世七代《ななよ》と称《い》う。（『古事記』）

詳しくは高橋美由紀氏の『伊勢神道の成立と展開』を見てほしいが、その乗り越えを行うために行った記紀の読み替えが、いわゆる神道五部書であった。

たしかに「別天つ神」の筆頭である天之御中主神と同体ならば、豊受大神が「神代七代」の最後の神、伊耶那岐・伊耶那美神の――ほぼ末子に近い――子である天照大神と同格、もしくはそれ以上であっておかしくはない。それには説得力があった。

「市民宗教」としての伊勢神道

しかしそれにしても、ではなぜ、そんな無理をしてまで、豊受大神を天照大神と同格、もしくはそれ以上にする必要があったのか。

天照大神とは皇祖神であり、現世においては天皇を象徴する神であった。ということは、その天照大神に奉仕する神豊受大神は、さしずめ国民を象徴する神であった。国民を象徴する神を、天皇を象徴する神と同格、もしくはその上位の神にしようというのである。国民を天皇の上位におくためであった。先ほどの北畠親房《きたばたけちかふさ》の言葉を借りれば、「人望」という規範を「皇化」という規範の上位にもっていくためであった。

今、日本国憲法の第一条には「天皇は、日本国の象徴であり日本国民統合の象徴であつて、この地位は、主権の存する日本国民の総意に基く」とあるが、この考え方――国民主権を前提とした統治権の総覧者天皇――を先駆的に確立するためであった。

ちなみにルソーは、『社会契約論』において、「市民」という概念について、次のように述べている。

政治体の本質は、服従と自由の合致にあり、「臣民」と「主権者」という言葉は、盾の両面であって、この言葉の意味は、「市民」という一語の下に結合しているからだ。

（ルソー『社会契約論』）

一方で国家の統治に「臣民」として従い、他方で「自由」な主権者として国家意思の形成にかかわる存在、それが市民だと。

ただし、「臣民」はその日常の状態では、「市民」になれない。「臣民」が「市民」になるためには、一定の能動的な行為が必要になる。それが、時として集会し、「一般意思」と呼ぶにふさわしい、集合意思を形づくることであった。国家をその意思の下におく、集合意思を形づくることであった。その点に関して、ルソーは次のように述べている。

主権者は、立法権以外のなんらの力をもたないので、法によってしか行動できない。しかも、法は一般意思の正当な働きに他ならないから、人民は集会したときにだけ、主権者として行動しうるであろう。人民の集会、とんでもない空想だ！　というかもしれない。なるほど今日では、空想である。が二千年前にはそうではなかったのだ。人間の性質が変ったのであろうか？

（『社会契約論』）

しかし、この「臣民」を「市民」にするための全国民集会を実現しようとすれば、全国民が一同に会するなにかきっかけが必要であった。そのきっかけをルソーはたぶん、なんらかの「市民宗教」に求めたのである。

そして考えてみれば、その「臣民」を「市民」に変える「市民宗教」の役割を、日本において果たしたのが、伊勢神宮外宮の豊受大神に対する信仰であった。鎌倉時代、室町時代のことはおくとして、江戸時代になると、六〇年に一度——三回遷宮があると、そのうちの一度——爆発的な「お蔭参り《かげまい》」の流行があり、数百万人に上る人びとが、全国津々浦々から、伊勢神宮外宮の豊受大神の神前に集まった。人口規模三〇〇〇万人弱の時代のことであるから、それは間違いなく全国民集会といっていい規模であった。一家に一人が参加した形だ。

しかし、その豊受大神の前での集会を、真に、「臣民」を「市民」に変えるための全国民集会にするためには、祭られる豊受大神が天照大神の奉仕神のままではよくなかった。「市民」（主権者）の神にふさわしく、統治権者（天皇）の神、天照大神の上位に立つ——せめて同格の——神になってもらわなくてはならなかった。

そこに豊受大神と天照大神とを同格化すべく、豊受大神と天之御中主神の同体を説いた、度会氏の人びとの歴史的役割があった。

御蔭参りの図　文政13年(1830)に起きた御蔭参りの様子を描いた図。柄杓(ひしゃく)を持った人が描かれている。

柄杓　文政の御蔭参りの際の参詣者たちの出立ちであるが、柄杓が見える。

ちなみに「お蔭参り」に参加する人びとは、自分たちが天之御中主神と同体化した豊受大神のもとに参ることをよく知っていた。彼らは手に手に柄杓《ひしゃく》を持って参ったのである。柄杓は北斗七星の象徴であり、転じて北極星の象徴であった。天之御中主神は、読んで字のごとく、北極星によって象徴化される神だったからである。

以上、伊勢神道の言説もまた、「人望」をもって最高の社会規範にするための言説であり、その存在は、社会がすでに輿論政治の時代に突入していたことの証《あかし》であった。

将軍制という国制の意味

さて、輿論政治成立の指標は、「皇化」を上回る規範としての「人望」の成立だけではなかった。権力運営における「合議制」の成立もまた、重要な指標であった。

では、もう一歩踏み込んで、権力運営における「合議制」成立の指標とはなにか。それは権力の多元化、分権化、封建化であった。それなしの「合議制」は、権力運営の技術（テクニック）にすぎず、国制とまでは言い切れない代物だったからである。

では、この国の権力が、「合議制」の土台となるにふさわしく、多元化、分権化したきっかけはなんだったのか。それは、源頼朝の征夷大将軍就任であり、「将軍制」とでも呼ぶべき国制の誕生であった。まさに鎌倉幕府の成立であった。

源頼朝の征夷大将軍就任儀礼

では、なぜそう言えるのか。そこで、頼朝の征夷大将軍就任の意味を、彼の将軍就任儀礼から少し読み解いておこう。

建久《けんきゅう》三年（一一九二）七月二六日、頼朝を征夷大将軍に任ずる「除書《じょしょ》」が、勅使肥後介《ひごのすけ》中原景良および同康定によって鎌倉にもたらされた。それを鶴岡八幡宮で頼朝の家臣三浦義澄が受け取り、比企能員《ひきよしかず》・和田三郎ら軍装の「郎従《ろうじゅう》」一〇名を率いて、頼朝の待つ「幕下西廊」にもたらした。そしてあらかじめ束帯《そくたい》姿で「出御《しゅつぎょ》」していた頼朝に、ひざまずきながらそれを手渡したのである（『吾妻鏡《あづまかがみ》』）。

儀礼は、それだけであった。しかし、それがきわめて重要な儀礼であったことは、後世、徳川家康が征夷大将軍《せいいたいしょうぐん》に就任したときも、『徳川実紀《じつき》』に「幕府に勅使を遣わされて宣下《せんげ》せらるる事は鎌倉右大将家に基《もとい》す」とあるように、基本的にこの儀礼を踏襲したことからもうかがえる。

では、この儀礼の要点はなんだったのか。次の三点であった。

第一は、頼朝が「除書」を受け取った場所が、京都の朝廷ではなくて、鎌倉の幕府（陣営）であった点である。これは同じ将軍ではあっても、坂上田村麻呂などとは違い、頼朝が、京都から出撃して京都に戻る存在ではなくて、鎌倉という戦場に常駐しつづける存在であることを示していた。「除書」を受け取るほうが京都に出向くのではなく、「除書」のほうが戦場にもたらされたのである。

第二は、頼朝が「除書」だけを受け取り、じつは「節刀《せっとう》」を受け取っていない点である。征夷戦争に勝ち、凱旋すれば、やがて天皇に返さなくてはならない「節刀」を、頼朝は最初から受け取っていなかったのである。これは、頼朝が、征夷大将軍という臨時の官に就任しておきながら、それを近い将来辞する気持ちの、まったくなかったことを示していた。

そして第三は、頼朝が勅使から直接「除書」を受け取らず、軍装の家臣たちを介して、その受け取りをした点であった。それは、将軍が天皇の勅使にへりくだるという姿を極力避けた結果であった。なお、三浦義澄以下の家臣が軍装であったことは、鎌倉が戦場として想定されていたことを示していた。

要は、頼朝が、みずからは半永久的に〝鎌倉という戦場〟に居つづける——京都に凱旋しない——ことを前提に、いっさいへりくだることなく、天皇から征夷大将軍の地位を受け取ったというのが、この儀礼の意味するところであった。

なお付け加えておくと、『吾妻鏡』からその将軍就任のありさまがわかる。頼朝以外の鎌倉幕府の五人の将軍（源頼家・源実朝《さねとも》・藤原頼経・藤原頼嗣《よりつぐ》・宗尊《むねたか》親王）の場合も、就任の際は頼朝同様、除書は受け取っても節刀は受け取っていない。また、その除書の受け取りも、京都ではなく、鎌倉でなされていた。将軍に就任すべく、京都から鎌倉に下った宗尊親王の場合も、鎌倉到着とほぼ同時の建長四年（一二五二）四月一日に、将軍宣下を受けている。

頼朝の征夷大将軍就任儀礼の普遍性がうかがわれる。

第二王の創出

では、なぜ頼朝は、以上のような特色をもった儀礼を踏まえ、征夷大将軍に就任したのだろうか。戦時下の征夷大将軍には、建久元年に源頼朝が奥州藤原氏の討伐に乗り出したとき、頼朝の御家人たちが、京都からの討伐命令がなかなか届かないことに業《ごう》を煮やして、「軍中将軍の令を聞き、天子の詔《みことのり》を聞かず」（『吾妻鏡』）と述べたように、「軍中」においては「天子の詔」に代わる「将軍の令」を発する権限、「閫外之権《こんがい》」――敷居の外の権限、転じて国境の外の権限という意味――が与えられる。

ならば、逆に戦時のほうを常態化（恒久化）させることができれば、その権限を利用して、頼朝はみずからを第二の王にすることができるのである。当然、それを狙ったのである。

頼朝が京都に凱旋することなく鎌倉＝戦場にいながら、軍装の家臣を通じて征夷大将軍の「除書」を受け取ったのは、まさにその戦時の可視化、それを常態化するための演出であった。

かくて、源頼朝の征夷大将軍就任によって、この国の権力は、まず二元化されたのである。しかも頼朝の権力は、戦時が続いているかぎり――そしてそれは先ほど述べた理由により絶対に続けなくてはならなかったので――、戦場の掟である「御恩と奉公」の関係を通じて、次々と御家人たちに分割されていった。その結果、地方官であった国司は、地方を領有する大名――国主

――に代わった。だからその二元化は、ただちに多元化の契機になったのである。

そしてその多元化は、「合議制」の国制化につながった。頼朝の死後、将軍の専権はいっきょに縮小され、北条政子の指導のもと、有力御家人たちの「合議制」に取って代わられたのである。以上、源頼朝の征夷大将軍就任による「将軍制」の形成こそ、この国の権力の多元化、「合議制」化の最初の一歩となったのである。

その意味においても、鎌倉幕府の成立は、この国の近代のはじまりだったのである。

なお最近、鎌倉幕府の成立を考えるうえでの頼朝の征夷大将軍就任を軽視する考え方が広がっているが、政治史を思想史として捉える能力に欠ける日本史学ならではの、誤解である。

第三章

近代とはなにか

「輿論政治」の現実

私利私欲と政治的無関心

たしかに、この国の輿論《よろん》政治は鎌倉時代にははじまっていた。王の権威は「人望」によって支えられ、政治は合議をもって運用されるようになっていたのである。したがって、この国の近代の起点を、明治維新にではなく、鎌倉幕府の成立におくのは、いたって妥当な考え方だといってよい。

ただ、では、その鎌倉時代にはじまり、今日にまで続く輿論政治の実相とは、一体いかなるものだったのかということになると、それはたぶん大方の予想に反する。

そこで、慈円がその輿論政治を支える人の実相を、「世のまつりごとにも臨《のぞ》まず、すべて一切の諸人の家の内までをだしくあわれむ方のまつりごとを」（63ページ）専らにする、主観的で、私利私欲に満ちた存在と捉えていたことをもう一度思い出してほしい。ひと言でいえば、その種の人びとのつくり出す輿論に立脚する政治、それが輿論政治であった。

したがって、それは第一に、人の私利私欲の肯定の上に立ち、人の私利私欲によって絶えず引き裂かれつづける政治であった。鎌倉幕府の成立以来、江戸幕府が成立する一七世紀まで、この国が不断の内戦状態に陥ったことをみれば、それがわかる。ホッブスは一七世紀のイギリスを、万人が万人と闘争する社会と評した（『リヴァイアサン』）が、まさにそう評して当然の社会を育む政治であった。

なお、日本史家の言うところの「中世」（鎌倉・室町期）における、自力救済（フェーデ）の横行をもって、日本社会の未開性の現れと捉える向きもあるようだが、それは明らかに誤解である。近代が成立していたからこそ、社会は騒乱の巷になったのである。

そして第二に、マックス・ヴェーバーも繰り返し強調した、公共的なもの、政治的なものへの、人の徹底した忌避の姿勢の上に成り立つ政治であった。人の関心事は、第一義的には、「世のまつりごと」ではなく「諸人の家の内までをだしくあわれむ方のまつりごと」なのだから、それは当然の帰結であった。たとえば国会開設を間近に控えた明治一〇年代後半、福沢諭吉《ふくざわゆきち》は「我が人民智徳の度」を次のように嘆いたが、かかる福沢の嘆きの対象となるような人びとを土台に構成される政治、それが輿論政治であった。

我が人民智徳の度《ど》を察するに、概して未だ高尚の域に至らずして自主自治の気風に乏しく、百千年来、人に依頼して人の制御を受け、いわゆる政治の思想《ポリチカルアイヂヤ》無きものなれば、国の政権に参与するが如《ごと》きはこの輩の知る所にあらず、また欲する所にあらず。その欲せざる所の者をもって強《しい》てこれに与えんとし、その知らざる所のものをもって強てこれに勧めんとするは、唖人《あじん》に呈するに歌曲をもってし、跛者《はしゃ》に教えて馬に騎せしむるに異ならず。本人のために謀り、啻《ただ》に快楽を感ぜざるのみならず、かえって痛苦を覚ゆるに足るべし。

（福沢諭吉「国会論」）

「国の政権に参与するが如き」を欲せず、強いて参政権を与えようとすれば「快楽を感ぜざるのみならず、かえって痛苦を覚ゆる」タイプの人びとこそが、輿論政治の構成要素だったのである。

自治と代行権力

したがって、輿論政治には、ひとつおもしろい特徴が加わった。それは代行権力を発展させやすいという特徴であった。マックス・ヴェーバーが、イタリア中世自治都市の生涯のなかに見出した特徴である。

そこで少しヴェーバーの語る、イタリア中世自治都市の生涯をみておくことにしよう。

まずそれは、権力が分立的であるがゆえに封建国家の生み出しやすい、「都市メッカの独特の無政府状態にかなり似た」政治権力の空白のなかに生まれる。「支配権に対する尨大《ぼうだい》な数に上る要求権が、相互に交錯し合いながら並存してい」（『都市の類型学』）る——尨大な行政サービスに対する需要が存在している——にもかかわらず、それを適切に処理してくれる政治権力が存在していないなかから生まれる。日本でいえば、京都が完全な無政府状態におかれた、応仁《おうにん》の乱《らん》の勃発時のような時に生まれる。

当然、当初は全住民参加型の自治によって運営される。しかし、誕生するやたちまち「市民集会に不断に参加し、とりわけ問題の成り行きについて立入った討論をしたのは、……経済的に余暇《アブケムリッヒ》をもっているひとびとに限られ」るとの理由により、全住民（土地所有者）参加型の自治は形骸化し、名望家層が自治の実質を担う、名望家自治に移行してしまう。次のごとくに、である。

> コンユーラーティオー（自治共同体）には、指導的な名望家だけではなく、原則としては、都市の土地所有者の全部が参加していた。したがって、公式には、多くの場合、市民集会——イタリアでは、「パルラメントゥム」と呼ばれた——が、コミューヌの最高の・主権的な機関とみなされた。形式的には、この形がしばしば固持されている。しかし、事実上は、

正に初期の時代において、多くの場合、名望家たちが完全に権力を握っていたことはいうまでもない。……市民集会に不断に参加し、とりわけ問題の成り行きについて立ち入った討論をしたのは、周知の原則に従って、経済的に余暇《アブケムリッヒ》をもっているひとびとに限られたからである。

（『都市の類型学』）

しかし、その名望家自治も、土地所有者でもない、したがって「パラメントゥム」（市民集会）の正式の構成員でもない、より下層の「民衆」の、行政サービスへの欲求が急速な高まりをみせはじめると、やがてその有効性を喪失していく。そして「それ自身の官吏と、それ自身の財政と、それ自身の軍事組織とを備え」た「国家内の国家」的存在である「ポポロ」なる専門家（官僚）集団に、その支配権を取って代わられる。

そして、それと同時に、「喧噪《けんそう》に満ちた全体的市民集会」も最終的に消滅させられ、「代表者たちやまたは――しだいにその範囲が明確に限定されてきた――有資格の市民たちによって形成される小集会」（『都市の類型学』）に置き換えられてしまう。

では、「ポポロ」の支配は安定するかというと、それも安定しない。それは、所詮はほかの国家と同様の官僚集団にすぎない。ならば早晩「騎士的な生活を送っていた諸門閥」（『都市の類型学』）の支配や、「僭主」（独裁者）の支配に置き換えられ、最後は、より強力で合理的な官僚集団を備えた、領域国家に吸収されてしまうのである。

かくて自治は終わる。これがマックス・ヴェーバーの描いたイタリア中世自治都市の生涯であった。

自治とは輿論政治の代名詞である。輿論政治が、不断に新たな代行権力を生み出しつづけ、最後は輿論政治であることを止めてしまうありさまがよくわかる。

日本においても、応仁の乱以降の政治的混乱が生んだ、多くの都市（京都・堺）や農村（加賀国一揆・近江堅田《かただ》一揆）の自治は、イタリア中世自治都市と同じ運命をたどった。最初は全住民自治としてはじまり、やがて名望家自治に移行し、最後は「士農工商」分業社会――「士」の代行権力が存在する社会――への欲求をみずから抱くようになり、戦国大名や織田信長の強権に呑み込まれていったのである。

輿論政治のひとつの特徴は、たしかにそれ自体としては安定せず、不断に代行権力を生み出しつづけ、最後はその代行権力に呑み込まれて自滅するというところにあった。

もうひとつの輿論＝死者の輿論を求めて

ただそこで問題は、その輿論政治の生み出した「名望家」の支配や「ポポロ」の支配といった代行権力もまた、輿論政治の観念によって正当化されなくてはならなかったということであった。たとえば、あらゆる一揆（輿論政治）を打ち倒し、その代行権力となった信長政権は、結局みずからを正当化する独自の術をもつことができず、最後は信長自身が神になろうとして自滅した。戦国大名や信長の権力が、所詮は代行権力にすぎなかったことは、彼らがみずからを「公儀」と自称していたことからもわかる。「公儀」は、「公議」と同義であった。

時代が輿論政治の時代に入ったということは、そういうことであった。誰も「悟り」、王になることのできない末法の世だからこそ、輿論政治は選択されたのである。それを考えれば、近代において、輿論政治以外の政治形態はありえない。輿論政治の選択は、けっしてポジティブな選択ではない、「それしかない」というネガティブな選択であった。だから代行権力もまた、輿論によって正当化されなくてはならなかったのである。

といって直接の輿論が代行権力を正当化する能力に欠けるのは、当たり前のことであった。だからこそ、それに基づく政治はかならず代行権力を生み、それに呑み込まれて自滅したのである。では、どうすればよかったのか。直接の輿論をはるかに越える、より広くて大きな国民的基

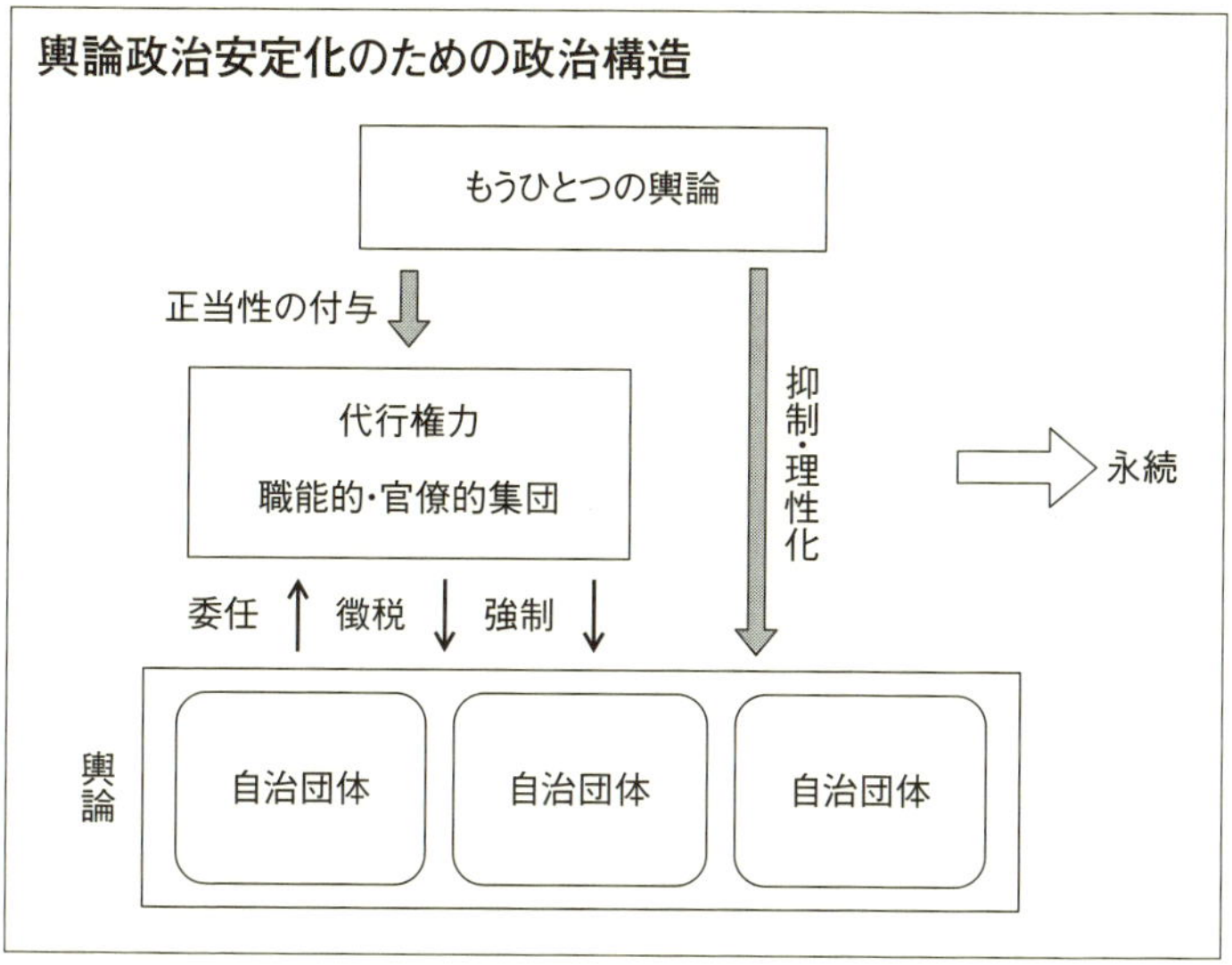

輿論政治を機能させるためには、直接の輿論と異なる「もうひとつの輿論」による代行権力の抑制が必要である。その点を模式化した。もうひとつの輿論という外部規範が生まれることで、輿論は抑制され、理性を取り戻す。

盤の上に成り立つ輿論であるがゆえに、輿論＝自治と代行権力をともにその支配下に置くことのできる「もうひとつの輿論」を立ち上げるしかなかったのである。概念図を描けば、上図のごとくにである。

では、そのもうひとつの輿論とは。

そこでもう一度原点に帰り、見ておきたいのは『愚管抄』の次の一節である。

> 日本国の世のはじめより次第に王臣の器量果報衰えゆくにしたがいて、かかる道理を作りかえ作りかえして世の中は過ぐるなり。劫初《こうしょ》劫末《こうまつ》の道理に、仏法王法、上古中

古、王臣万民の器量を、かくひしと作りあわす

（慈円『愚管抄』）

よく見てみると、変わることのない永遠の道理に、仏法王法、大昔の人、昔の人、今を生きる万人の器量を結び合わせてこそ人はここまで生きてこれた、とある。末法ゆえに「ひしと作りあわ」されなくてはならない「器量果報」は、なにも今生きている「王臣万民」のそれだけではない。「上古中古」の「王臣万民」の「器量果報」もまた、「ひしと作りあわ」されなくてはならない、と書かれているのである。

生者の輿論だけでなく、「死者の輿論」もまた輿論であった。その死者の輿論を立ち上げること、それがそのもうひとつの輿論を立ち上げることだったのである。なぜならば、死者の輿論は生者の輿論に比して、はるかに広く大きな国民的基盤の上に成り立つ輿論だからであった。

では死者の輿論とは、一体いかなる形で存在しているものなのか。そこでみておきたいのは、ルソーの、『社会契約論』における次の指摘である。

国家は、法律によって存続しているのではなく、立法権によって存続しているのである。昨日の法律は、今日は強制力を失う。しかし、沈黙は暗黙の承認を意味する。主権者が法律

を廃止することができるのに、それを廃止しない場合には、彼はたえずその法律を確認しているものとみなされる。主権者がひとたびこう欲すると宣言したことは、すべて、取り消さないかぎり、つねにそれを欲していることになるのである。

それでは、古い法律に、あのように尊敬が払われるのはなぜか。それは、古いということそれ自体のためである。昔の〔人々の〕意志がすぐれていたのでなければ、古い法律をそんなに長く保存はできない、と考えなければならない。もし主権者が、それをたえず有益なものであると認めなかったならば、彼はそれを千回も取り消したであろう。よく組織されたすべての国家で、法律が弱まるどころか、たえず新しい力を獲得しつつあるのは、このためである。

（ルソー『社会契約論』）

ここでルソーは、「古い法律」――すなわち慣習法や自然法――を取り上げ、それを、法を制定することも、廃止することもできる主権者＝人民が、それにもかかわらず長年にわたり、その存続を承認してきた「法律」と定義しているのである。それを死者の輿論としているのである。

ルソーと宣長

そしてそれは、本居宣長《もとおりのりなが》が、なぜ自分が『古事記』を聖典と見なすかについて、次のように述べたことと、考え方において一致している。

世の中には、物事が「後世まで伝わると、伝わらざるとは」偶然のことと思い、「宜《よろし》きによりて伝わり、宜しからざるによりて、伝わらざる」(『古事記伝』一之巻)といったことなどありえないと考える人がいるが、それはこと『古事記』に関するかぎり、間違いである。

そもそも『古事記』は、それが編纂された直後に、ほとんど時間をおかず漢風の歴史書『日本書紀』が編纂されたように、「漢籍好《からぶみこのみ》ましし世に、はやく廃《すて》られて、とり見る人も有《ある》まじく、まして後代までは伝わるまじき物」と思われてきた書物である。漢風好みのこの国の支配層からは、つねに疎《うと》まれつづけてきた書物である。にもかかわらず、一〇〇〇年後の今日(一八世紀)まで伝わったのは、ひとえに「そのかみ書紀いできても、なおしかすがに公《おおやけ》にも用いられ、世人も読《よみ》つとは見えて、かの万葉などにも、往々《おりおり》に引き出でけるもの」だからであった。

この記は、潤色《かざり》なくただありに記して、漢《から》の国史などの体《さま》とは、いたく異なる物なれば、もし誤り多からむには、さしも漢籍好《からぶみこのみ》ましし世に、はやく廃《すて》られて、とり見る人も有《ある》まじく、ましてて後代までは伝わるまじき物なるに、千年の後までも伝わり来つるを思へば、そのかみ書紀いできても、なおしかすがに公《おおやけ》にも用いられ、世人も読《よみ》つとは見えて、かの万葉などにも、往々《おりおり》に引き出でけるものをや

（本居宣長『古事記伝』一之巻）

『古事記』は、ただありのままに事実を書いた歴史書であって、中国風に書かれた潤色だらけの歴史書『日本書紀』などとはまったく趣を異にする。だからもしそれに多くの誤りがあろうものなら、漢籍好みの世の中、たちまち忘れ去られてしまったに相違ない。それが忘れ去られずに、一〇〇〇年後の今日まで伝わったのは、ひとえに公にも用いられ、多くの人の支持を得て読み継がれてきたからである。だから、それは「宜きによりて伝わり」たるものだったのである。

宣長はこう述べ、『古事記』を聖典化したのだが、それは「古い法律」を絶対

本居宣長(1730～1801)　伊勢松坂に生まれ、医師などを営むかたわら、18世紀後半になり活躍した国学者。『古事記伝』が代表作。

化したルソーの論理と完全に一致していた。

「古い法律に、あのように尊敬が払われるのはなぜか。それは、古いということそれ自体のためである」。なぜならば、「古いということ」は、それが死者の輿論の結晶ということになるからであった。

ならば逆に、死者の輿論を取り出す方法とは、歴史のなかから変わらない「古い法律」を取り出すことだったのである。

「古い法律」を求めて──荻生徂徠と本居宣長──

崩壊しつづける輿論政治

もう一度繰り返すが、輿論政治とは、人の欲と欲とが激しくぶつかり合い、いとも簡単に内戦に発展してしまう政治のことであり、それ自体としてはけっして安定することがなく、次々と代行権力を生み出し、最後はその代行権力に呑み込まれ、自滅してしまう政治のことであった。

そしてその自滅劇は、歴史のなかで繰り返されてきた。「将軍制」を生み、権力の多元化と、国制としての「合議制」を生んだ鎌倉幕府は、やがて代行権力としての執権《しっけん》政治（得宗《とくそう》専制）も生み出し、それに呑み込まれ、逆にそれを呑み込んだがゆえに、正当性根拠を失って瓦解した得宗専制とともに、自滅の道を歩んだ。

次いで、鎌倉幕府の失敗に懲りて、執事（執権）権力の肥大化を抑制──観応《かんのう》の擾乱《じょうらん》により高《こうの》師直《もろなお》（執事）と足利直義《ただよし》を討伐──しようとした室町幕府は、今度は逆に、大名合議制の維持にこだわりすぎて、人と人、欲と欲の対立に引き裂かれ、最後は応仁の乱を引き起こして崩壊した。

そして、その応仁の乱後、一五〇年間続いた戦国の内乱のなかで、無政府状態の現出ゆえに誕

輿論政治の生成・発展・消滅の模式図

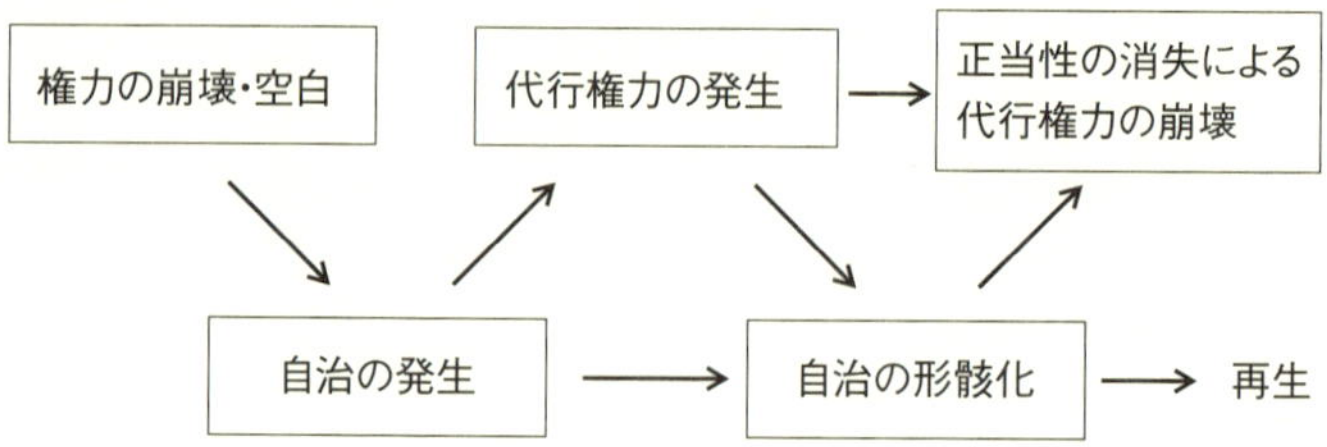

自治として生まれ、必然的に代行政治を生み、やがてそれに呑み込まれて、その代行権力とともに消滅していく、輿論政治の全生涯を模式化した。

生した多くの自治（都市の自治、村の自治、国の一揆）は、健全な士・農・工・商社会の出現を欲した結果、代行権力としての戦国大名支配を生み出し、ついにはその最終形態としての織田信長政権まで生んで、最後はそれに呑み込まれて自滅した。

ただし先にも述べたように、その次々に生み出された代行権力も、自治を呑み込み、その代行性を喪失したとき、同時にその正当性根拠を失い、瓦解しつづけた。そしてそれが瓦解すると、ふたたび権力の空白が生まれ、自治が生まれ、振り出しに戻った。上の図のごとくにである。

歴史のなかで、輿論政治は、繰り返しその本質をあらわにし、興っては消え、消えては興ったのである。

しかし、その輿論政治の不安定さは、輿論政治の枠内で克服されなくてはならなかった。繰り返すが、末法の世、すなわち悟り不能の世、輿論政治しか取りうる政治の選択肢はなかったからである。

そこで、江戸幕府の誕生とともに模索されはじめたのが、その代行権力たる大名権力をも内包した、一次元高度な輿論政治の実現であった。先ほど述べたように、死者の輿論としての「古い法律」を最上位におき、そのもとに代行権力たる大名権力と、住民自治が、相互に依存し合う形で併存する政治構造の確立であった。

輿論政治が代行権力を生み、それに依存しても、それが輿論政治の根絶にまでつながらない、また輿論政治との距離が開き、その正当性が問われる事態に立ち至っても、とりあえずは、代行権力が突然土崩瓦解《どほうがかい》するといったことのない政治システムの構築であった。

そこで江戸時代、この国の知識人に求められたのは、歴史のなかから、死者の輿論と呼ぶにふさわしい「古い法律」を探し当てることとなった。御三家の一家、水戸徳川家が徳川光圀《みつくに》の提案で『大日本史』の編纂にとりかかったのも、その求めに応じるためであった。

荻生徂徠と「先王制作の道」

そして、歴史のなかからその死者の輿論と呼ぶにふさわしい「古い法律」を取り出すうえで、重要な役割を果たしたのが、儒者では荻生徂徠《おぎゅうそらい》、国学者では本居宣長であった。

荻生徂徠(1666～1728) 徳川綱吉と吉宗の二代の将軍に仕えた儒者。『政談』は吉宗への政治意見。古典に回帰する古文辞学を開いた。

そこで、以下では、そのふたりの考え方をそれぞれみていくことにするが、まず荻生徂徠。

彼は、中国古代の「聖人」たちの教えを「先王制作の道」と名づけ、「道は知り難《がた》く、また言い難し。その大なるがための故なり」（『弁道』）と、それを絶対化した。

しかし重要なことは、彼は「先王制作の道」は絶対化したが、だからといって、その作り手である「聖人」たちは絶対化しなかったことである。優れてはいるが、長所も欠点もある、普通の人たちとして、彼らを捉えた。

だから、次のように述べていた。

伏羲《ふっき》・神農《しんのう》・黄帝《こうてい》もまた聖人なり。その作為する所は、なおかつ利用厚生の道に止《とど》まる。顓《せん》頊《ぎょく》・帝嚳《ていこく》を歴《へ》て、堯《ぎょう》・舜《しゅん》に至り、しかるのち礼楽始めて立つ。夏《か》・殷《いん》・周《しゅう》よりしてのち粲然《さんぜん》として始めて備わる。これ数千年を更《へ》、数聖人の心力知巧を更て成る者にして、また一聖人一生の力の能《よ》く弁ずる所の者に非《あら》ず。故に孔子《こうし》といえどもまた学んでしかるのち知る。
（荻生徂徠『弁道』）

「伏羲・神農・黄帝」にはじまり「堯・舜」に至るまで、中国には数多くの「聖人」がいたが、ひとりであらゆることを知り、あらゆることを行った「聖人」はひとりもいなかった。伏羲や神農や黄帝は「利用厚生の道」をつくるにとどまり、堯・舜にいたってようやく「礼楽＝道徳」が生まれた。それではじめて夏や殷や周といった国家が生まれる条件が整った。数千年の歴史のなかで、さまざまな「聖人」が、それぞれの長所や短所を織り交ぜながら、経験を積み重ね、つくり上げたのが「先王制作の道」であったと。

孔子ほど優れた人でも、所詮はその多くの「聖人」たちのつくり上げた「先王制作の道」に学ぶことによって、何事も知りえたのであり、けっしてひとりで、一からすべてをつくり上げたわけではなかったと。要は、徂徠は「先王制作の道」を、誰かひとりもしくは数人の偉大な天才の教えとしてではなく、たくさんの凡人の知恵の歴史的な積み重ねになる教えとして、まさに死者の輿論として絶対化したのである。

だから徂徠にとって、「先王制作の道」は、次にあるように、特定の誰かの教えではなく、どこまでも「列聖の遺緒《いしょ》」だったのである。この世界のあらゆる地域、あらゆる時代を生きた人びとの代表者たる多くの聖人が現代に残した「列聖」の遺訓だったのである。

今、すでに大経を立つれば、すなわちまさに四海をもって一家となし、万世を一日となし、列聖の遺緒によりて、もって時措《じそ》のよろしきを図るべきなり。（荻生徂徠『政談』）

では、徂徠はなにをしたのか。儒学的言説を孔孟《こうもう》の言説としてではなく、死者たちの輿論として読み替えたのである。そうすることで、歴史や伝統のなかから死者の輿論を取り出すひとつの方法を確立したのであった。

本居宣長と「惟神の道」

そして、徂徠とまったく同じことを国学の世界で行ったのが、本居宣長であった。彼は、『古事記』に描かれた神々のつくり上げた「道」を、「惟神《いしん》の道」あるいは「古道」と名づけ、

そもそも天地のことわりはしも、すべて神の御所為《みしわざ》にして、いともいとも妙に奇《あや》しく、霊《あや》し

き物にしあれば、さらに人のかぎりある智《さと》りもては、測《はか》りがたきわざなるを、いかでかよくきわめつくして知ることのあらむ。
（本居宣長「直毘霊《なおびのみたま》」）

と、こちらもそれを絶対化した。

しかし、彼も惟神の道は絶対化したが、その作り手たる「神」は絶対化しなかった。「神」について次のように述べ、それを単に「上代の人」の別称と割り切ったのである。

神世とは、人代と別《わけ》ていう称《な》なり、そはいと上代の人は、すべて皆神なりし故に然言《しかいえ》り、さていつまでの人は神にて、いつより以来《こなた》の人は神ならずという、きわやかなる差《けじめ》はなき故に、万葉の歌どもなどにも、ただ古を広く神代といえり。（本居宣長『古事記伝』神代一之巻）

あるいは、

神代の神たちも、多くはその代の人にして、その代の人皆神なりし故に、神代とはいうなり。
（『古事記伝』神代一之巻）

神世（代）というのは、大昔の人の世という意味であり、いつまでを神世（代）といい、いつからを人代というかは、明確ではない。ただ神世（代）の神とは、その時代の人のことにすぎない、と。

そして「神」も所詮は「人」なのだから、「迦微《かみ》は如此《かくのごと》く種々にて、貴きもあり賤きもあり、強きもあり弱きもあり、善きもあり悪《あし》きもありて、心も行もそのさまざまに随いてとりどりにしあれば、大かた一むきに定めては論《あげつろ》いがたき物になむありける」（『古事記伝』神代一之巻）、すなわち「人」に「貴・賤」「強・弱」「善・悪」があるように、「神」にも「貴・賤」「強・弱」「善・悪」があるとした。けっして「神」を絶対化しなかったのである。

逆に、「悪神」もまた「神」なのだからという理由で、この世に淫祀・邪教などありえないとも、言い切った。

徂徠が「先王制作の道」を絶対化しながら、一人ひとりの「聖人」は絶対化しなかったように、宣長も「惟神の道」を絶対化しながら、その作り手である「神々」は、けっして絶対化しなかったのである。

ではなぜ、一人ひとりは絶対でもなんでもない、普通の人と同じ「神々」がつくり上げた「惟神の道」が絶対だったのか。それが、「神々」（昔の人びと）が長年積み重ねてきた、まさに死者の輿論だったからであった。

すでに触れたことだが、宣長がその「惟神の道」を記した『古事記』の絶対性、聖典性を語るのに、それが「千年の後までも伝わり来つる」こと、「そのかみ書紀いできても、なおしかすがに公にも用いられ、世人も読つとは見えて、かの万葉などにも、往々に引き出でけるもの」であったことに根拠を求めていたのは、そのこととかかわる。

『古事記』研究の要諦

だから、その「惟神の道」を記した『古事記』にとって大切なことは、ただひたすら「古事」を、正確に現代に伝えているか否か、だけだったのである。「古い法律に、あのように尊敬が払われるのはなぜか。それは、古いということそれ自体のためである」。このルソーの考え方が、『古事記』にも当てはまった。

だから宣長は『古事記』について、それが「ただ古の語言《ことば》を失わぬを主《むね》と」して書かれていること、「いささかもさかしらを加えずて、古より云い伝えたるままに記され」ていることを、ひたすら強調したのである。

この記の優れる事をいわむには、先上つ代《まず》に書籍《ふみ》という物なくして、ただ人の口に言い伝えたらむ事は、必ず書紀の文のごとくにはあらずて、この記の詞のごとくにぞ有けむ、彼はもはら漢《から》に似るを旨として、その文章《あや》をかざれるを、これは漢にかかわらず、ただ古の語言《ことば》を失わぬを主《むね》とせり、そもそも意《こころ》と事と言とは、みな相称《あいかな》える物にして、上つ代は、意も事も言も上代、後代は、意も事も言も後代、漢国《からくに》は、意も事も言も漢国なるを、書紀は、後代の意をもて、上代の事を記し、漢国の言をもって、皇国《みくに》の意を記されたる故に、あいかなわざること多かるを、この記は、いささかもさかしらを加えずて、古より云い伝えたるままに記されたれば、その意も事も言も相称えて、皆上代の実なり、これ専《もは》ら古の語言を主としたるが故ぞかし。

（『古事記伝』神代一之巻）

この『古事記』の優れているのは、上代の、まだ書籍というものがなく、口承伝承で物事が伝えられていた時代のことを、ただひたすらありのままに書き記したことにある。『日本書紀』のように、中国風に文章を飾ることもせず、ただひたすら古い言葉を失わないように記したことにある。

そもそも「意」（意識）と「事」（出来事）と「言」（言葉）とは、対応しているはずである。

上代の「事」は、上代の「言」を用いて、上代の「意」に則って記されてはじめて伝わる。『日本書紀』のように、後代の「意」に則り、「漢国」の「言」を用いて記したのでは、うまく伝わらない。『古事記』は、その点をよく配慮し、「意」も「言」も可能な限り上代のそれに近づけ、古よりの言い伝えをただひたすら忠実に記そうとした、優れた歴史書である、と。

かくて宣長学の成立は、徂徠学の達成を超えて、この国に特有の死者の輿論の明示化、定着に大きな貢献をしたのである。

「祖法」の時代とその限界

停滞し固定化する時代

荻生徂徠《おぎゅうそらい》や本居宣長《もとおりのりなが》の知的な営為もあり、この国は江戸時代、通常の輿論の上にもうひとつの輿論、それが「先王制作の道」であれ「惟神の道」であれ、死者の輿論を戴く国になった。その死者の輿論の下に、輿論政治の直接的表現としての自治と、その輿論政治が必然的に生み出す代行権力＝大名支配（幕藩体制）が、適度に棲《す》み分ける国となった。それが、士農工商社会の成立であった。

そして、そうなることによって、ようやく国家が人の欲と欲の対立によって引き裂かれ、たちまち内戦に陥る危険から解放された。死者の輿論を一般に「祖法」と呼んだが、「祖法」の支配する三〇〇年におよぶ太平を実現した。

しかし、「祖法」に基づく政治には、深刻な矛盾がともなった。それは宣長の陥った、次の自《じ》家撞着《かどうちゃく》のなかに、端的に現れていた。

させように、世中のありさまのうつりゆくも、皆神の御所為なるからは、人力の及ばざるところなれば、その中によろしからぬ事のあればとても、俄《にわか》に改め直すことのなりがたきすぢも多し。しかるを古の道によるとして、上の政も下々の行いも、強て上古のごとくに、これを立て直さんとするときは、神の当時の御はからいに逆《そむ》いて、返て道の旨にかないがたし。されば今の世の国政は、また今の世の模様に従いて、今の上の御掟にそむかず、有来《ありきた》りたるままの形を頽《くず》さず、跡を守りて執り行いたまうが、即まことの道の趣にして、とりも直さずこれ、かの上古の神随治め給いし旨にあたるなり。（本居宣長『玉くしげ』）

これは宣長の政治意見書として知られる『玉くしげ』の一節だが、ここで彼は「古の道」によるとして、上は政治のことから、下は人びとの日常の行いにいたるまで、あらゆることを「上古」のごとく改めようとする動きがあることに対し、反対の意を表明している。今の時代のことは、今の政治、今の掟にしたがって行えと述べているのである。

一方で、「何わざも、己命《おのれのみこと》の御心もてさかしだち賜はずて、ただ神代の古事のままに、おこないたまい治め賜いて、疑いおもおす事しあるおりは、御卜事《みうらごと》もて、天つ神の御心を問して物し給う」（「直毘霊《なおびのみたま》」）べしと、何事も「惟神の道」に従えと言っておきながら、他方、彼はかく「古の道」

に依るとして、何事につけ「上古のごとくに、これを立て直さんとする」のは間違いで、「今の世の国政は、また今の世の模様に従いて、今の上の御掟にそむかず」行うのが正しいと言わざるをえなかったのである。これは明らかに自家撞着であった。

死者の輿論（「古い法律」）とは、どの道、過去からの伝統であった。それが現代にかならずしも適合しないのは当然であった。政治を死者の輿論（祖法）に基づかせようとすれば、かならずこの宣長の自家撞着に陥る。それは止むをえないことであった。

といって死者の輿論に最高の規範を求める以上、ある程度まで「上古のごとくに、これを立て直さんとする」のは、これまた止むをえないことであった。だから、死者の輿論を支配の根幹に据えた瞬間、政治はどちらかといえば、能動性を失い、停滞に陥ったのである。

欲望の自由と水戸学の成立

ただそこで重要なことは、死者の輿論とはいえ、煎じ詰めれば結局は輿論だということである。輿論政治を機能させるための概念装置にすぎないということである。そして輿論政治とは、人の他者依存性を解放し、人に野方図ともとれる自由を与えることを基礎に成り立つ政治だということである。だから、たとえ必要な規範として、死者の輿論を立ち上げるためとはいえ、極端な政治的停滞には耐えられない。ましていわんや、その政治の停滞が原因で、次のような論理でもって極端な禁欲（倹約令）が人びとに求められはじめると、許容の限界を超える。

総じて天地の間に万物を生ずること各《おのおの》その限りあり。日本国中には米がいかほど生ずる、雑穀いかほど生ずる、……一切の物おのおのその限り有る事なり。その中に善きものは少く、悪きものは多し。これによりて衣服・食物・家居に至るまで、貴人には良物を用いさせ、賤人には悪きものを用いさする様に制度を立つるときは、……日本国中に生ずる物を日本国中の人が用いて事足る事なり。

（『政談』）

あらゆるものには、生産力の限界がある。そしてよきものは少なくしか生産できず、悪しきものは多く生産できる。だから少数の貴人にはよきものを用いさせ、多数の一般の人には悪しきものを用いさせれば、需要と供給のバランスがとれて、日本中で生み出されたものでもって、日本中の人が過不足なく生きていくことができる、と。

事実、幕末に向かうにしたがい、人びとの欲望の自由を盾に、どこまでも「上古のごとくに、これ（政治）を立て直さんとする」傾向――その「上古」が中国の「上古」であれ、日本の「上古」であれ――に対する批判が、名目は「祖法」に返れを合い言葉に、どんどんと高まりをみせていったのである。

そして、その批判の先頭に立ったのが、水戸学の祖藤田幽谷《ゆうこく》であった。彼はまず、既存の知のあり方を次のように批判し、変革の狼煙《のろし》をあげた。

「古よりまさに大いになすあらんとするの君は、必ず功を立て利を興して、以て子孫の業を貽《のこ》し、当世の名をなさんと欲す。しかるに後世の儒者は、徒《いたず》らに道徳仁義を談じて、功利をいうを諱《い》み、富国強兵は、黜《しりぞ》けて覇術となす」。しかし、それは間違いである。「上古」の「聖人」の「功利に汲々たる」にならい、「利用・厚生」の道を立て、「兵を足し、食を足し、民をしてこれを信ぜしむる」ことこそ、目下の急務である(「丁巳《ていし》封事《ふうじ》」)と。

そして富国強兵策について、次のように述べたのである。「富国の本務は勧農に在て勧農の政先づ五弊《へい》を除くにある」。「五弊」とは「一に侈情《しじょう》、二に兼併《けんぺい》、三に力役《りきえき》、四に横斂《おうれん》、五に煩擾《はんじょう》」の弊のことである。

人がおごり贅沢になっていくことの弊。人が贅沢になると身代を持ち崩し、土地を失う農民が増えるので、一方で土地の兼併が進行することの弊。土地を手放す農民が増えると、年貢負担農民が減少するので、かろうじて没落を免れた農民に課せられる力役や年貢の負担が累乗的に重くなっていくことの弊。その結果、人民と国家（藩）のあいだの信頼が損なわれるので、むやみと法令が乱発されることの弊。そして最後に、騒乱が地域を覆うことの弊、の「五弊」である。

しかし、この「五弊」を取り除くにあたり、根本的な原因から取り除こうとして、まず人の奢侈を禁ずることからはじめたりしてはならない。論理的に考えすぎて第一の弊、第二の弊、第三の弊、第四の弊、第五の弊の順番にそれを取り除こうなどとしてはならない。そんなことをすれば、たちまち人びとの反発を買い、改革そのものを台無しにしてしまう。「侈情の禁じたき事、勿論なれ」ども、である。

では、どうすればいいのか。「仁政を施さんとならばかえって先づ第五の弊より手を下して第四第三第二第一の弊倒さまに除」いていくのが、正しい。まず法令の乱発を止め、人民に対する苛斂誅求《かれんちゅうきゅう》を止め、土地の兼併を取り締まり、最後に奢侈を抑制すればよい。「先づ仁徳をもって万民の歓心を得、貧富共に心服せざれば、事を成すことあたわ」（『勧農或問《かんのうわくもん》』）ざるがゆえにであった。

彼は、あらゆる改革の基礎に、まず「兵を足し、食を足し、民をしてこれを信ぜしむる」こと、すなわち「万民の歓心を得」ることを据えた。そして、それを盾に、ということは人びとの欲望を盾に、「道徳仁義を談じて、功利をいうを諱《い》み、富国強兵は、黜《しりぞ》けて覇術となす」という既存の学問を激しく非難、攻撃し、ひたすら「先王制作の道＝死者の輿論＝伝統」を墨守する考え方に、異議申し立てを行ったのである。

横井小楠と西郷隆盛

そしてその考え方は、多くの共感を得た。幕末の開国論者——熊本出身で福井藩主松平春嶽《しゅんがく》に仕え、さらに参与として新政府に出仕したが、明治二年（一八六九）一月京都で暗殺された——横井小楠《よこいしょうなん》なども、開国論を説くのに、次のように述べていた。

「太平年久敷《ひさしき》に随い驕奢《きょうしゃ》に成り行く」現代に、「大節倹を行うて衣食住を初め不益を省き有用を足す事」など、けっして求めてはならない。もしそんなことを求めようものなら、それが客観的にいって、どれほど正しく、ものの需要と供給のバランス——生産力の限界——を考えた賢明な政策ではあっても、たちまち「奢侈すでに気習となって」しまった人びとの反発を買い、なにか「困難苛酷の新法」でも出したかのような誤解を招き、「士庶上下の人気険悪鄙野《ひや》に落ち入りて、四維をもって治めがたき」（「国是三論」）状況を生んでしまう。現代において、人に「大節倹」を求める政策など、為政者たる者、絶対にとってはならない。

では、どうしたらいいのか。「奢侈已に気習となつて」しまった人たちの満足を買うほどの高い生産力を実現することこそ、最優先課題となる。そのためには「開国」し、「富国強兵」策をとるしかないと。

維新三傑のひとり、西郷隆盛も、次のように述べていた。

世は人心歓欣《かんきん》して流通するを貴び大法を設け甚しきを制するまでにして、質素節倹等の令は必ず下すべからず。ただ要路の人々は質樸《しつぼく》に行い、驕奢《きょうしゃ》の風あるべからず。
（「西郷吉之助建白書」）

質素倹約の令などけっして出してはならない。人を質素に導こうとすれば、政治指導者の振る舞いをもって模範をたれるしかないと。死者の輿論を規範にして営まれる政治は、この、人の欲望の自由を盾に持ち出される、さまざまな政治改革論の圧力に、耐えなくてはならなかったのである。

横井小楠（1809～69）　熊本藩出身の開国論者で、福井藩の松平春嶽の片腕として活躍。明治２年、京都で暗殺された。

では、どうすればよかったのか。強権的に人びとの欲望を取り締まるのも、ひとつの手であった。事実、江戸幕府は、繰り返し身分法令を出し、人びとに倹約を迫っている。だが、それがなかなか成果を上げなかったのも事実であった。

ならば、もうひとつ方法があった。それは、イデオロギー操作により、死者の輿論を、伝統的で停滞的な輿論から能動的で現代的な輿論に、つくり替えてしまうことであった。

平田篤胤学の成立とその役割

「祖法」としての大日本帝国憲法

死者の輿論を、伝統的で停滞的な輿論から能動的で現代的な輿論につくり替えるためには、どうしたらよかったのだろうか。

皇朕《わ》レ謹《つつし》ミ畏《かしこ》ミ皇祖《こうそ》皇宗《こうそう》ノ神霊ニ誥《つ》ゲ白《もう》サク、皇朕レ天壌無窮《てんじょうむきゅう》ノ宏謨《こうも》ニ循《したが》ヒ惟神《いしん》ノ寶祚《ほうそ》ヲ承継シ旧図《きゅうと》ヲ保持シテ敢テ失墜スルコト無シ。顧ミルニ世局ノ進運ニ膺《あた》リ人文ノ発達ニ随ヒ、宜ク皇祖皇宗ノ遺訓ヲ明徴ニシ、典憲《てんけん》ヲ成立シ条章ヲ昭示シ、内ハ以テ子孫ノ率由《そつゆ》スル所ト為シ、外ハ以テ臣民翼賛ノ道ヲ広メ永遠ニ遵行セシメ、益々国家ノ丕基《ひき》ヲ強固ニシ、八州民生ノ慶福ヲ増進スベシ。茲《ここ》ニ皇室典範及憲法ヲ制定ス。惟《おも》フニ此レ皆皇祖皇宗ノ後裔ニ貽《のこ》シタマヘル統治ノ洪範ヲ紹述スルニ外ナラズ。

これは、明治天皇が大日本帝国憲法の制定に際して、ことの経過を皇祖皇宗の霊に報告したときの文章（告文）であるが、明らかにプロシア憲法の模倣をベースにした憲法を、なんの外連味《けれんみ》もなく「皇祖皇宗ノ遺訓」「皇祖皇宗ノ後裔ニ貽シタマヘル統治ノ洪範」と言い放っている。大日本帝国憲法は、初代神武天皇以来の天皇が子孫に残してくれた統治の規範だと。かかる言い放ちを可能にする死者の輿論＝現代法という等式をつくり出さなくてはならなかったのである。

では、そのためには、どうしたらよかったのだろうか。

そこで活躍したのが、本居宣長の死後門人、平田篤胤《あつたね》であった。

記紀の科学的読み方

彼はまず、『古事記』および『日本書紀』の冒頭に、それぞれ次のように書かれていることに注目し、次のように推論を展開した。

古事記

天地《あめつち》初《はじ》めて発《ひら》けし時、高天の原に成れる神の名は、天之《あめの》御中主神《みなかぬしのかみ》。次に高御《たかみ》産巣《むす》日神《ひのかみ》。次に、神産《かむむ》巣《す》日神《ひのかみ》。この三柱《みはしら》の神は、みな独神《ひとりがみ》と成りまして、身を隠したまひき。

次に、国稚《わか》く浮きし脂《あぶら》の如《ごと》くして、海月《くらげ》なす漂へる時、葦牙《よしかび》の如く萌え騰《あが》る物によりて成れる神の名は、宇摩志阿斯訶備比古遅神《うましあしかびひこじのかみ》。次に天之常立神《あめのとこたちのかみ》。この二柱の神もまた、独神と成りまして、身を隠したまひき。

【口語訳】

天と地がはじめて分かれたとき、高天原（天）に現れた神の名は、まず天之御中主神《あめのみなかぬしのかみ》、次いで高御産巣日神、次いで神産巣日神《かむむすひのかみ》であった。三神はみな独身の神で、現れるやすぐに隠れた。次いで、国がまだ固まっておらず、クラゲのような状態にあるとき、葦牙のように勢いよく萌え出るものによって現れた神の名は、まず宇摩志阿斯訶備比古遅神《うましあしかびひこじのかみ》、次いで天之常立神であった。この二神もまた独身の神であり、現れると隠れた。

日本書紀

時に天地の中に一物《ひとつのもの》生れり。状葦牙《かたちあしかび》の如し。便ち神と化為《な》る。国常立尊と号す。

【口語訳】

天地のあいだに葦牙《あしかび》之ごとき一物が生まれ、たちまち神となった。国常立神であった。

この世界は最初、「一物」だった。それがやがて、「天」と「知」と「黄泉」の三つに分かれた。

万物生成の神、高御産巣日神が現れ、その「一物」に回転運動を加えたので、遠心力が働いたからであった。高御座巣日神による最初の一撃が、すべてのはじまりであった。

遠心力が働くと、汚く重たいものはより遠くへ遠ざかり、軽くて清いものは中心に残り、ちょうどその中間の物は、両者のあいだに漂ったからであった。「太初に産霊大神一元気を撹回するときに、其の運動の妙機に頼りて、重濁は早く脱して至遠の域に走り、軽清は遅く分れて至近の郭に止まる」（『天柱記』）との運動法則が働いたからであった。

当然三世界が分離しても、回転運動は加わりつづけた。三世界のあいだはどんどん遠ざかっていき、やがて相互の行き来ができなくなってしまった。

さてかくのごとく、天・地・泉と三つに分《わけ》り竟《おわり》て後も、天と地は、神々の往来したまえる事《こと》実《のあと》の多在《おおかれ》ども、地と泉とは、大国主神《おおくにぬしのかみ》の往《ゆき》て還坐《かえりいま》しし後は、神々の現身《うつしみ》ながらは更にもいわず、その御霊さえに往来したりし事実も、伝《つたえ》も更に見えざるは、これは伊邪那岐大神《いざなぎのおおみかみ》の、彼の国を甚しく悪みおもおす御心に、彼の国この国の往還を止め定め賜える御謂《おんいい》に因ることと見えて、いとも畏《かしこ》き御定めになむありける。

（平田篤胤「霊の真柱」）

とりわけ地と泉（黄泉）のあいだは、大国主神が行き来したのを最後に、まったく行き来ができなくなってしまった。そこには、一度は亡き妻、伊邪那美神を追って黄泉国に行き、そこで死霊と化して伊邪那美と戦った伊邪那岐神の亡妻への憎しみが作用していた。

ちなみに、大国主神が地と泉のあいだを行き来したというのは、大国主神が兄八十神たちの攻撃にあって、いったん父素戔嗚神《すさのおのかみ》の支配する黄泉国に逃げ込み、そこで訓練を受けて、ふたたび地上に戻っていった時のことをさす。

そして重要なことは、地と泉のあいだを行き来できなくなったのは、生身の人間だけではなかったということであった。人が死して後になる霊（魂）さえも、行き来できなくなってしまったのである。

その点では、人は死後黄泉の国に行くと思っていた「吾師」宣長も、大きな誤りをおかしていた。「『神も人も、善《よき》も悪《あし》きも、死ぬれば、皆この黄泉国に往くことぞ』といはれしは、委《ことごと》く考えられざりしゆえの非説《ひがごと》」（「霊の真柱」）なりと、篤胤は、敬愛する師を、その一点にかぎり、厳しく非難した。

幽冥界の発見

しかし、だとすれば、当然のこととして、ひとつの疑問が生まれる。では、人は死後、黄泉の国に行かないとすれば、どこに行くのだろう、という疑問である。

篤胤は、次のように答えた。

然在《しかれ》ば、亡霊《なきたま》の、黄泉国へ帰るてう古説は、かにかく立ちがたくなむ。さもあらば、この国土の人の死にて、その魂の行方は、何処《いづこ》ぞというに、常磐《とことは》にこの国土に居ること、古伝の趣と、今の現の事実とを考えわたして、明に知らるれども……。（「霊の真柱」）

では、亡き靈は黄泉の国に行くという従来の説が成り立たないとすれば、死してのち人の魂はどこに行くのであろうか。永遠にこの国土にとどまるのである。この世（地）に残ると。この世には、そこからこの世界はよく見えるが、通常の世界からはそこが見えない「幽冥界」という場所があって、死者はそこに残ると。

篤胤の推論はかくのごときであった。しかも、篤胤は「古事記・神代紀等」によって、しばしば「無稽の妄語」を展開する国学者たちと自分は違う、と考えていた。「天地現在の運動に就きて自然の定理を推し究《きわ》め」た結果発見した「皇祖天神天地鎔造の規則」（科学的法則）に基づいて、自分は以上の真理を発見したと自負していた。その意味で、篤胤は日本史上はじめて、自然科学を用いてみずからのイデオロギーを確立した人物であった。

夢中で本居宣長に師事を願う平田篤胤（1776～1843）　宣長の死後、宣長に私淑し、国学に変革の学として息吹を吹き込んだ国学者。

かくて篤胤は、死者をすべて、少なくとも大国主神以降の死者をすべて、この世の存在と見なす言説を発明したのである。

ならば、この篤胤の考え方に依拠すればよかったのである。そうすれば、死者の輿論は、今ここにいる死者の輿論に転化する。死者の輿論が必然的にともなう伝統性、停滞性は、克服できる。いたって能動的で現代的な死者の輿論を、確立することができるのである。

だから、その伝統性、停滞性に悩みながらも、死者の輿論――「先王制作の道」や「惟神の道」、あるいは「祖法」――による統治の必要を実感していた人びとは、たちまちこの篤胤の考え方に同調したのである。

幕末期、平田派国学が、爆発的な広がりをみせた理由がそこにあった。

祭政一致をめざして

あとは、死者の輿論を聞き取る方法を確立すればいいだけだった。では、どうすればよかったのか。

神代の神等の、現世人に見えまさねど、今もなお、その社々に、御身ながらに、隠鎮坐す……。

（「霊の真柱」）

神代の神は、今生きている人には見えないが、今なおその神々をまつっている神社などに隠れている。この篤胤の指摘がヒントになる。「幽冥界」の入口は、死者のために建てられた神社や、死者の葬られた墓に開いている。ならば、その神社や墓を整備し、そこで死者との対話を行えばよかったのである。祭政一致を実践すればよかったのである。

ただし、一人ひとりの死者との対話で生み出せるのは輿論ではない。だから、すべての死者といっきょに対話する空間の設計が急がれた。だから篤胤の影響を強く受けた経世家佐藤信淵《のぶひろ》は、次のように、「皇城」の西に「皇廟」を、南に「神事台」を配する首都を構想したのである。

凡《およそ》皇都を建る法は、皇城は中央にして、西に皇廟《こうびょう》あり、東に大学校あり、北に教化台あり、南に神事台あり、またその南に太政台あり。学校の東には農事奉行・物産奉行・百工奉行・融通奉行の四府を列し、西北には陸軍奉行に府ありて、陸軍三十六営ことごとく皇城の西北を囲繞《いにょう》す。東南には水軍奉行の府ありて、水軍三十六営悉く皇城の東南を囲繞す。

（佐藤信淵『混同秘策』）

皇都を建設するには、皇城（皇居）を中心におき、西に歴代天皇の霊廟を、東に大学校を、北に国民教化のための機関（教化台）を、南に神事を行う機関（神事台）を配置するのがいい。また神事台のさらに南には、政治の中心大政台を、大学校のさらに東には、農事を司る官庁をはじめとする民政にかかわる官庁を、都市の外周部には陸海軍の軍事施設を配置するのがいいと佐藤は述べていた。

また、明治国家は皇居内に賢所《かしこどころ》（祭神＝天照大神）・皇霊殿《こうれいでん》（祭神＝歴代天皇）・神殿（祭神＝すべての国民の祖先たち）の宮中三殿を設置し、天皇が、天地開闢《てんちかいびゃく》以来この日本に生きた、すべての人びとの霊と対話する空間をつくったのである。

なお付け加えておけば、神武天皇陵をはじめ、歴代天皇陵の整備（修陵）なども、この一連の事業の一環であった。

ならば、あとは篤胤の考え方を受け入れるのに邪魔になる思想を排除するだけであった。では、その邪魔になる思想とは。それが仏教であった。なぜか。仏教は、黄泉の国のような形ではないが、あの世の存在を肯定するからであった。

あとは廃仏毀釈《はいぶつきしゃく》の興奮のなかに、社会を投げ込めばよかったのである。

王政復古の歴史的意義

天皇親政宣言に非ず

平田篤胤《あつたね》の考え方を受け入れ、歴史のなかに得られる死者の輿論を、今ここにいる死者との対話によって得られるものに置き換えたことの帰結はなんだったのか。それが慶応三年（一八六七）一二月九日の、次の王政復古の大号令の発布であった。

　徳川内府、従前御委任ノ大政返上、将軍職辞退ノ両条、今般断然聞《きこ》シ召サレ候。抑《そもそも》癸丑《きちゅう》以来未曾有《みぞう》ノ国難、先帝頻年宸襟《ひんねんしんきん》ヲ悩マセラレ御次第、衆庶《しゅうしょ》ノ知ル所ニ候。之《これ》ニ依リ叡慮《えいりょ》ヲ決セラレ、王政復古、国威挽回ノ御基《もとい》立テサセラレ候間、自今《じこん》、摂関・幕府等廃絶、即今先《そっこんまづ》仮《かり》ニ総裁・議定《ぎじょう》・参与ノ三職ヲ置レ、万機《ばんき》行ハセラルベシ。諸事神武創業ノ始ニ原《もとづ》キ、縉《しん》紳《しん》・武弁《ぶべん》・堂上《どうしょう》・地下《じげ》ノ別無ク、至当ノ公議ヲ竭《つく》シ、天下ト休戚《きゅうせき》ヲ同ク遊バサルベキ叡慮ニ付、各勉励、旧来驕懦《きょうじゅ》ノ汚習ヲ洗ヒ、尽忠報国ノ誠ヲ以テ奉公致スベク候事。

【口語訳】

徳川慶喜からあった、大政奉還、将軍職辞退の申し出については、これを聞き入れる。そのうえで、ペリー来航以来の国難に対処するために、王政復古を断行し、国威挽回の基礎をたてるべく、摂政関白や幕府を廃止し、当面は、総裁・議定・参与をおき、政治万般を司らせる。今後は諸事神武創業のはじめに返り、身分の区別なく公議を尽くし、天皇も天下と苦楽をともにしていく覚悟であるから、国民も皆、尽忠報国の誠を尽くしてもらいたい。

そこで検討しておかなくてはならないのは、傍線を付した部分の解釈である。通常、これは天皇親政（親裁）の宣言のように受け取られているが、それは間違いである。理由は二つである。一つは、そもそも「自今、摂関・幕府等廃絶」と直接対応しているのは、「先仮ニ総裁・議定・参与ノ三職ヲ置レ、万機行ハセラルベシ」であって、「諸事神武創業ノ始ニ原キ」ではないからである。

ということは、王政復古の大号令は、「摂関・幕府等」を廃止しても、天皇親政に戻す気など、まったくなかったことになる。「仮ニ」ではあるが「総裁・議定・参与ノ三職」をおき、それに「万機」を委ねることが、最初から予定されているからである。

であると。その点では、外国人が「天皇は国事にかかわらない、将軍の補佐を受けているだけだ」と言っているのは正しいと。

水戸学が、維新変革の立役者、尊王攘夷派――転じて尊王倒幕派――の人びとに多大の影響を与えたことは、周知の事実である。その水戸学の影響を受けた人たちが、はたして天皇親政など望むだろうか。考えてみただけでもわかりそうなものなのである。

そうすると、少し飛ぶが、象徴天皇制をとる日本国憲法の制定に際して、連合国軍最高司令官マッカーサーが、その意図を、

（第一条に）主権在民を明記したのは、従来の憲法が祖宗相承《そそうそうしょう》けて帝位に即《つ》かれるということから進んで、国民の信頼に依《よ》って位に居られるという趣意を明かにしたもので、かくすることが天皇の権威を高からしめるものと確信する。（『芦田均日記』）

と語り、それを受けた憲法公布時の総理大臣吉田茂が、国体は護持されたと語ったことなども、あながち的外れではなかったと考えるべきなのかもしれない。

帝王の恃《たの》んでもって四海を保ちて、久しく安く長く治まり、天下動揺せざるところのものは、万民を畏服し、一世を把持《はじ》するの謂《いい》にあらずして、億兆心を一にして、皆その上に親しみて離るるに忍びざるの実《じつ》こそ、誠に恃《たの》むべきなり。それ天地の剖判《ほうはん》し、始めて、人民ありしより、天胤《てんいん》、四海に君臨し、一姓歴歴として、未《いま》だかつて一人もあえて天位を覬覦《きゆ》するものあらずして、もって今日に至れるは、豈《あ》にそれ偶然ならんや。

（会沢安『新論』）

この国で天皇が長く天下を治めることができたのは、力づくで国民を畏服させてきたからではない。国民が、ひとりの例外もなく、心から天皇に親しみを感じるよう、長年かけて仕向けてきたからである。そのおかげで、今日まで万世一系皇統が続き、長い歴史のなかで誰ひとりとして天皇に取って代わろうとする者が現れなかった。優れた国体が生まれたのであると。

これらがヒントである。

王政復古の真の意味

ならば神武創業以来、万世一系皇統を継いできた天皇の存在自体が、これまで述べてきた言葉を用いれば、死者の輿論の結晶ということになる。天皇こそが、この世の中でただひとり、死者の輿論を体現しうる生身の人間ということになるのである。

考えてみれば、このただひとり、死者の輿論を体現しうる生身の人間をひとり生み出すために、藤田幽谷や会沢安らは言説を駆使したのである。それもまた、平田篤胤が死者たちをこの世に呼び出したのと同じ、死者の輿論を歴史や伝統から解放し、生きた輿論に切り替えるための方法であった。そして、その幽谷らの言説戦略を反映して、王政復古の大号令の傍線部は生まれたと考えるのが至当なのである。

ならば、なぜ公議輿論の尊重を行おうとすれば、「諸事神武創業ノ始ニ原」くことが必要だったのかは明らかである。

もう一度確認しておくと、輿論政治は、純粋な輿論政治としては絶対に成立しない。つねに代行権力を生みつづけ、結局その代行権力に呑み込まれて死滅する。しかも、その代行権力もまた輿論政治からの委任という契機を失えば、たちまち死滅する。北條得宗《とくそう》専制政治や織田信長権力が、その絶頂期に突如消滅したようにである。

だから輿論政治を安定的に維持しようとすれば、生者の輿論の上に、もうひとつの輿論、死者の輿論をおき、輿論政治、代行権力ともに、その死者の輿論に服させなくてはならないのである。

ただし、死者の輿論は、しょせん死者の輿論であって、生きた輿論ではない。伝統的、歴史的

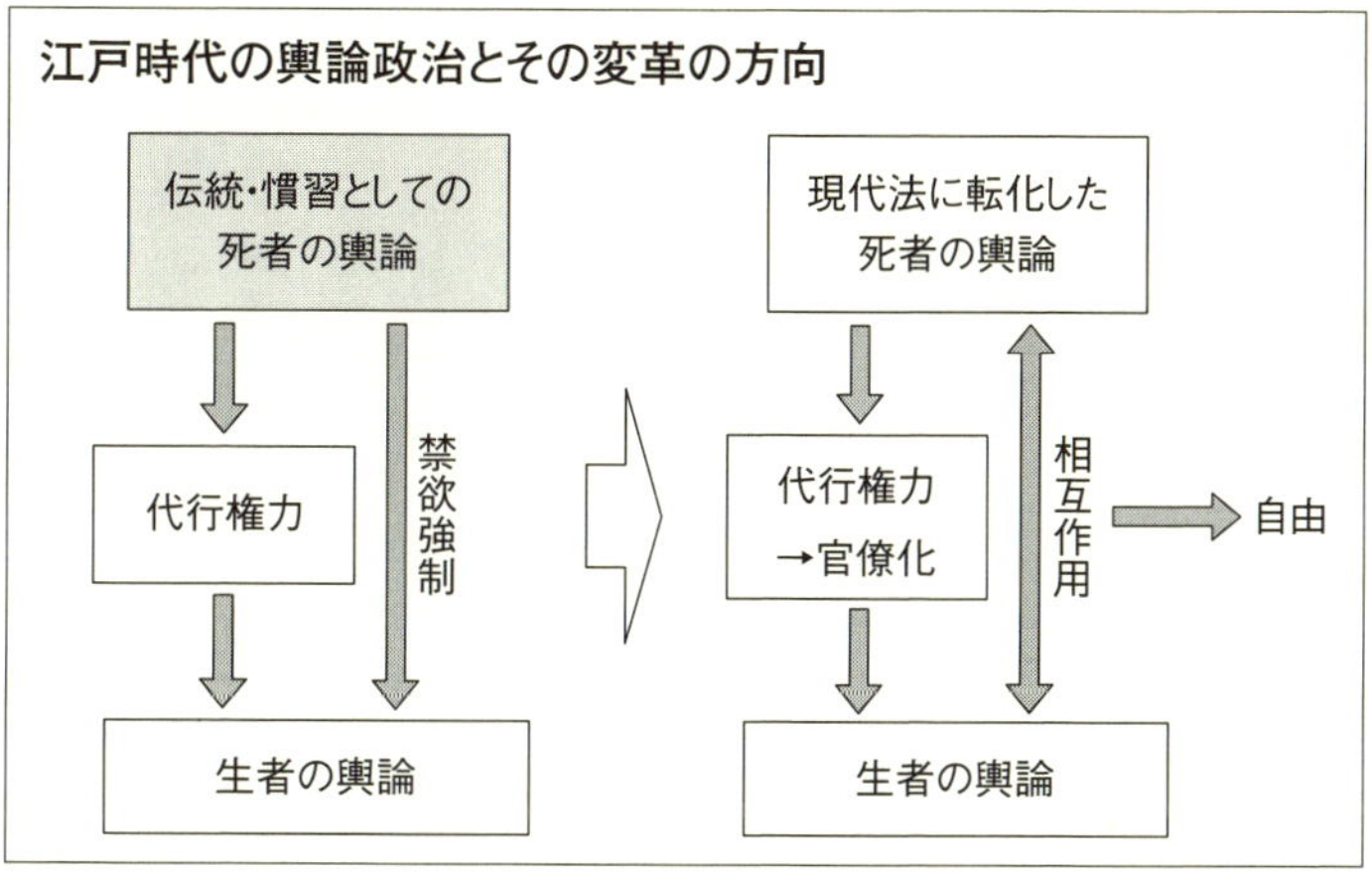

平田篤胤や水戸学は、死せる死者の輿論を、生ける死者の輿論につくり替えたが、そのことが及ぼした影響を模式化した。

にすぎて、現実性に乏しい。それをどう克服するかが、幕末・維新期のこの国の課題となっていた。

そこで、その課題を解き、隘路《あいろ》を突破する役割を果たしたのが、平田篤胤であり水戸学だったのである。篤胤は天皇を主体に、大国主神の国づくり以来——神武創業よりもさらに昔から——この国に生きたすべての人の霊をこの世（幽冥界）に呼び集め、祭政一致、彼らと対話することで、その生きた死者の輿論をつくろうとした。

水戸学は、神武天皇以来、万世一系統を継いできたという事実の上に、天皇を唯一の死者の輿論の代表に見立て、その生きた死者の輿論をつくろうとしたのである。江戸時代的輿論政治からの移行を概念化すると、上図のようになる。

王政復古の大号令は、その篤胤や水戸学の精神的営為があればこそ生まれた「号令」であった。だから「諸事神武創業ノ始ニ原」くことが、公議輿論尊重の土台となり、王政復古の大号令の出されたことが、この国がいっきょに輿論政治の現代的形態、立憲政治の実現に向けて走りはじめるきっかけとなったのである。

そして王政復古の大号令が出されたのを受けて、慶応四年（一八六八）三月一四日には、次の五箇条の御誓文が出され、公議輿論尊重の国是が確定した。

一、広ク会議ヲ興シ万機公論ニ決スベシ
一、上下心ヲ一ニシテ盛ニ経綸ヲ行フベシ
一、官武一途庶民ニ至ル迄各其志ヲ遂ゲ人心ヲシテ倦《う》マザラシメン事ヲ要ス
一、旧来ノ陋習《ろうしゅう》ヲ破リ天地ノ公道ニ基クベシ
一、智識ヲ世界ニ求メ大《おお》イニ皇基ヲ振起スベシ

以後、この国の立憲政体樹立の方針が揺らぐことは一度もなく、明治二二年（一八八九）には大日本帝国憲法が制定され、翌明治二三年には第一回帝国議会が開催された。

そして重要なことは、大日本帝国憲法冒頭にも、次の冒頭の三条がおかれたことである。

憲法発布式　明治22年2月11日に挙行された大日本帝国憲法発布式典。長年求めてきた立憲政実現の日にふさわしく豪華絢爛を極めた。この日、文部大臣臣森有礼が暗殺された。

第一条　大日本帝国ハ万世一系ノ天皇之ヲ統治ス
第二条　皇位ハ皇室典範ノ定ムル所ニ依リ皇男子孫之ヲ継承ス
第三条　天皇ハ神聖ニシテ侵《おか》スベカラス

第一条などは、第四条（天皇ハ国ノ元首ニシテ統治権ヲ総攬《そうらん》シ此ノ憲法ノ条規ニ依リ之ヲ行フ）の存在を考えれば、一見無駄にみえる条文である。ではなぜおかれたのか。

理由は明らかであった。王政復古の大号令に「諸事神武創業ノ始ニ原《もとづ》キ、縉紳・武弁・堂上・地下ノ別無ク、至当ノ公議ヲ竭《つく》シ」云々《うんぬん》とあったことの具現であった。憲法に即して立憲政治を運用していく統治権の総覧者としての天皇の上に、憲法の制定者たる資格をもった、死者の輿論の体現者としてのもうひとりの天皇をおくためであった。

だから天皇は、死者の輿論の体現者としての天皇だということ、その意味で単なる輿論の体現者としての天皇よりはるかに高い権威をもつ存在だということを強調せんがために、あえて水戸学的言説を持ち出し、「万世一系ノ天皇之ヲ統治ス」と言ったのである。それが水戸学的天皇観に立脚した言説であったということは、第三条で天皇の政治的不答責をあえて規定していることからも明らかであった。

天子垂拱《すいきよう》して、政《まつりごと》を聴かざること久し。久しければすなわち変じ難きなり。（「正名論」）

けだしこれが、水戸学的天皇観の根幹だったからであった。

なお、第二条は、第一条を補完する条文であった。

第四章

立憲国家の確立

王政復古体制の危機

二度とは使えない篤胤学と水戸学

荻生徂徠《おぎゅうそらい》や本居宣長《もとおりのりなが》の描いた「先王制作の道」や「惟神の道」は、死者の輿論《よろん》のことであり、その支配は過去による現代の支配であった。したがって、その支配は伝統的であり、停滞的であった。

しかし、その支配がなければ、輿論政治は安定しなかった。だから江戸時代、この国はそれら死者の輿論による支配を受け入れ、伝統と停滞のなかを二百数十年生きたのである。儒学が国家の正当性を語る学問として採用されたのは、そのためであった。

しかし、輿論政治が伝統と停滞のなかに沈淪《ちんりん》するのは、ある意味、言語矛盾にも似た矛盾であった。輿論政治とは本来、人の欲求の自由——他者依存性の縦横な発揮——の上に立脚する政治のことだからであった。人の自由を放任すれば、それは肥大化し、新奇を求めるのが自然だからであった。

そこでこの国の知識人たちは、なんとか死者の輿論を過去から救い出し、生きた、現代に適合的な輿論にする方法はないかと、考えつづけた。その結果生み出されたのが、平田篤胤《あつたね》の学（平田派国学）であり、水戸学だったのである。

篤胤は、記紀神話を駆使し、死者をこの世の存在にすることによって、その課題に応えた。死者の輿論を、慣習や歴史書のなかに見出されるものではなく、この世の「幽冥界《ゆうめい》」に住まう死者との対話によって生み出されるものにしたのである。その「幽冥界」からは、この世のすべてが見えているはずである。ならば、その祭政一致の実践——死者との対話——によって生み出される死者の輿論は、いたって現代的なものになるはずだからであった。

そして水戸学は、天皇が万世一系統を継いできたことを、神武創業以来、代々の輿論がそれを良しとしてきたことの積み重ねの結果と捉え、その課題に応えた。そうすることで、万世一系天皇を、死者の輿論のこの世における体現者に見立てたのである。当然天皇は、何事も現代人として現代的に考えるはずである。死者の輿論の現代化は、それで可能になるはずであった。

ただここで深刻だったのは、この篤胤の方法にしても水戸学の方法にしても、たぶん一度は使えるが、二度とは使えない方法だったということであった。

死者はこの世に生きつづけているなどといった言説を、誰が信じつづけることができるだろうか。明治国家でさえそれには懐疑的であった。だから、「大国主神《おおくにぬしのかみ》を天照大神《あまてらすおおみかみ》と同等の国家祭祀の対象にせよ」との出雲大社からの申し出（祭神論争）に対し、明治国家は悩み抜いたあげく「ノー」と答えたのである。

篤胤自身は、みずからの論理を「科学的」と主張していたが、それを真に受ける人は、たぶん明治維新以降には、ひとりもいなかった。篤胤の方法は、一度使えばたちまち賞味期限切れを迎えてしまう、空想的にすぎる方法だったのである。

では、水戸学の方法はどうか。こちらも最初から大きな矛盾をかかえていた。天皇が万世一系統を継いできたのは、死者の輿論がそれを支えてきたからと言い、天皇を死者の輿論の生ける代弁者にしておきながら、他方、ではなぜ天皇は長きにわたって、誰からもその地位を奪われなかったかというと、「天子垂拱《すいきょう》して、政《まつりごと》を聴かざること久し」かったからとして、天皇をもの言わぬ君主にしてしまっていたからであった。

結局、天皇が死者の輿論を、生身の人間として代弁したとしても、それはせいぜい一度できたらよいといった程度のことにしてしまっていたのである。

いずれにしても、いかなる方法をとろうと、天皇を、死者の輿論の生ける代弁者として機能させることができるのは、一度か、二度しかなかった。それは深刻な事態であった。

立憲政というトリック

ならばその一度か二度のチャンスを生かして、死者の輿論を今後いっさい過去に埋没することなく、つねに能動的で現代的なものでありつづけさせることのできるトリックを生まなくてはならなかった。では、そのトリックを生む方法とは。それが立憲政体の樹立であり、大日本帝国憲法の制定だったのである（次ページの図）。

では、なぜ立憲政体が、そのトリックだったのか。

それはまず、生者の輿論（憲法制定会議）によってではなく、死者の輿論によって生み出される法（欽定《きんてい》憲法）に基づく体制であることによって、通常の輿論によってはけっして覆されることのない特別な権威をもつ体制であった。

と同時に、徹底して中身をもたない手続き法的体制＝形式であることによって、何時いかなる時でも、その時どきの輿論を、手続きさえ踏まえたものであれば、法にまで昇華させる能力をもつ、すなわち通常の生者の輿論を、死者の輿論同様の権威ある輿論につくり替える能力をもつ体制だったからであった。

かくて平田派的・水戸学的言説を背景に、この世における唯一の代弁者たる天皇の意思を介して、立憲政体というトリックをつくり出すことによって、死者の輿論は、ようやくみずからを、

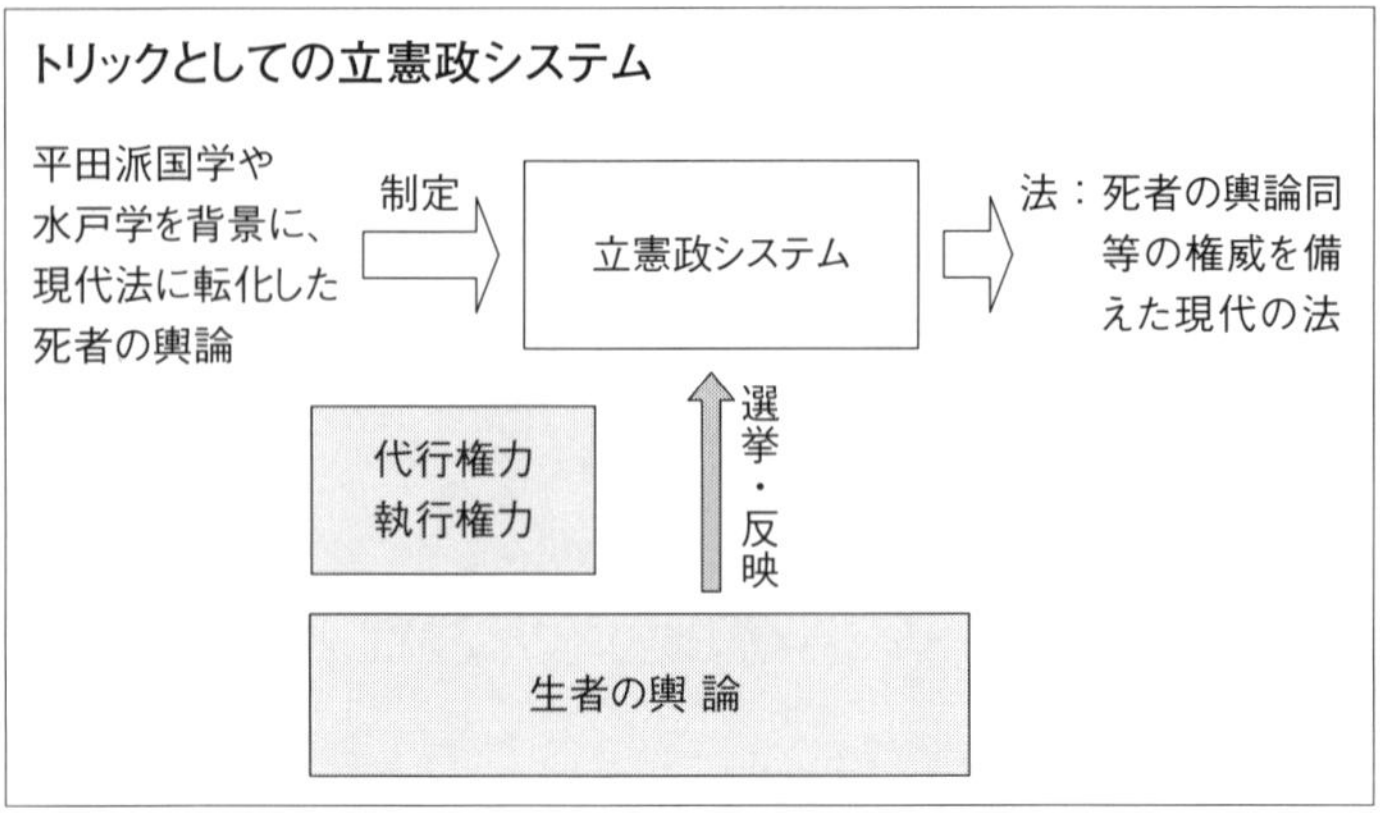

立憲政システムが確立されたとき、死者の輿論は不断に生ける輿論に置き換えられることが可能になり、生きた法治が実現した。その様を模式化した。

能動的で現代的なものに不断につくり替えつづける能力をもつに至ったのである。平田篤胤や藤田幽谷がめざしたものになると同時に、平田派国学や水戸学の論理のもった荒唐無稽さから、みずからを解放することができたのである。

ということは、立憲政体がつくり出す輿論は、もはや単なる生者の輿論ではなかった。それは同時に、死者の輿論でもあった。だからそれは、直接的な輿論の発現である人びとの自治も、またその代行権力である官僚制も、同時に拘束し、全体として輿論政治を安定させることができたのである。七〇〇年におよぶ輿論政治確立の努力は、立憲政体の樹立において、最終的に完成したのである。一四三ページの図は、上の図に移行したのである。

なお付け加えておけば、だから立憲政体の基礎をなす憲法だけは、今ここにある生きた輿論だけで改正してはならないのである。それを改正する場合には、かならず再び死者の呼び出しが不可欠になる。日本国憲法の制定が、死者の輿論として制定された大日本帝国憲法の改正手続き（第七三条）によるしかなかった理由がそこにあった。今後もそれは同じである。

トリックの限界

ただ、立憲政体が、どこまでいってもひとつのトリックにすぎないというのも、また事実であった。生者の輿論を死者の輿論に加工し、あたかも死者の輿論がこの社会を支配しているかに見せるトリックであった。だがその根底には、相も変わらず、輿論というもののもつ弱点が横たわりつづけていた。

もう一度言う。それは、たちまち人の私利私欲によって引き裂かれてしまうという弱点であり、欲求はするが統治はしない人びとを土台にするがゆえに、不断に代行権力を生み出し、最後はその代行権力に呑み込まれてしまうという弱点であった。

先にも触れたが、福沢諭吉《ゆきち》が国会開設を前にして次のように嘆いたのは、立憲政体が樹立されても人の本質は変わらない、ということの証《あかし》であった。ということは当然、輿論の本質も変わらなかった。人は、自治を行うことどころか、参政権を行使することすら忌避したのである。

我が人民智徳の度《ど》を察するに、概して未だ高尚の域に至らずして自主自治の気風に乏しく、百千年来、人に依頼して人の制御を受け、いわゆる政治の思想《ポリチカルアイヂヤ》無きものなれば、国の政権に参与するが如《ごと》きはこの輩の知る所にあらず、また欲する所にあらず。その欲せざる所の者をもって強《しい》てこれに与えんとし、その知らざる所のものをもって強てこれに勧めんとするは、唖人《あじん》に呈するに歌曲をもってし、跛者《はしゃ》に教えて馬に騎せしむるに異ならず。本人のために謀り、啻《ただ》に快楽を感ぜざるのみならず、かえって痛苦を覚ゆるに足るべし。

（福沢諭吉「国会論」）

しかし、こうした弱点をかかえる輿論を、ただ立憲政というトリックにかけるだけで、はたして死者の輿論の化身とするにふさわしい理性的な輿論（法）など、生み出せるものなのだろうか。やはり、むずかしいと考えるのが自然であった。

事実、初期議会——あるいは初期の府県会——の議場を埋めた代議士（議員）たちは、福沢諭吉から次のように揶揄《やゆ》される人びとばかりであった。

議員等が主として論ずる所は地租《ちそ》軽減の一事にして、その理由を聞けば斯民《しみん》休養と称して、一切の政費節減論も目的の在る所は唯《ただ》この休養の外ならず。……唯地方民の意を迎えて減租云々《うんぬん》を声言《せいげん》し、我が日本歴史上の由来をも問わずして、国庫第一の税源を軽率に投棄せんとするが如《ごと》き、農家選出の議員とは申しながら、そのいう所概して浅薄にして頼母《たのも》しからず。

（福沢諭吉「国会難局の由来」）

口を開けば地租軽減しか言わず、国家全般の経営のことなどなにも考えていない、浅薄で頼りにならない輩であると。とうてい死者の輿論になり代わり、国家理性を生み出せるような人たちではなかった。

しかも、死者の輿論が、固定的で停滞的な伝統をさす概念でなくなってからは、解き放たれた人びとの欲望に比例して、

福沢諭吉（1834〜1901）　豊後中津藩出身の洋学者で、咸臨丸に乗って渡米。維新後は慶應義塾を拠点に国民の啓蒙に努め、国家のブレーンとして活躍。

輿論政治の生み出す代行権力の質も急速に変わりつつあった。大名権力から合理的官僚制に変化しつつあったのである。

ちなみに官僚制とは、荻生徂徠が、

徳《とく》なる者は得《とく》なり。人《ひとびと》おのおの道に得《う》る所あるを謂《い》うなり。或《ある》いはこれを性に得《え》、或いはこれを学に得《う》。みな性を以て殊《こと》なり。性は人人殊なり。故に徳もまた人人殊なり。

（荻生徂徠「弁名」）

と述べ、したがって、

おのおのその性の近き所に随い、養いて以てその徳を成す。徳立ちて材成り、然《しか》るのちこれを官にす

（「弁名」）

るがよい、と述べたように、人それぞれに異なる専門的技能を集めてつくる行政機構のことであった。それが急速に発展しつつあった。

当然求められる国家意思（法律・予算）も、急速に専門化、高度化しつつあった。それをはたして、前述した輿論のもつ弱点をそのままにしておいて、立憲政というトリックを使うだけで生み出せるものだろうか。

当然それは生み出せなかった。したがって、立憲政体にはなんらかの補助的なシステムによる補強が必要であった。では、どのような補助的システムが必要だったのか。

ひとつが政党政治であり、もうひとつが国家利益団体説の選択であった。

政党政治という課題

政党政治とはなにか

では、政党政治とは、いったいいかなる政治システムだったのか。

明治二四年（一八九一）三月、第一回帝国議会が閉会したとき、自由党――自由民権運動期の自由党以来の伝統を引き継ぎ、大同団結運動を機に誕生したわが国最初の政党――は、経費節減・民力休養要求に終始したはじめての議会におけるみずからの行動を反省して、次のように述べるに至っている。

代議士は一国の輿論を代表すべき者なれは、輿論の決する所に由《よっ》てその法を立て政を施すは当然の事なり。然《しか》れども、輿論もまた時としてその方向を誤ることあり。道理に違《たが》ひ正義に悖《もと》る所の者は妄《みだ》りにこれを行うを得ず。国家に主権あるはこの道理を行い、正義を全《まっと》うするがためなり。ゆえに輿論といえども、道理に違い正義に悖る所の者はこれを棄却するの権あり。これ輿論を杜絶するがためにあらず。これを保護するためなり。

（「自由党党報」第一号）

政党とは、元来「一国の輿論を代表すべき」もの、すなわち「輿論の決する所に由《よっ》てその法を立て政を施す」べきものではあるが、「輿論もまた時としてその方向を誤ること」あるがゆえに、「輿論といえども、道理に違い正義に悖る所の者はこれを棄却するの権」をもつべきものと。

これが、明治初期、もっとも一般的な政党についての定義であった。輿論の名において行動するが、けっして輿論には従わない。正義に悖らないあるべき輿論を、もしかしたら「道理に違い正義に悖る」かもしれない国民に、上から強制する組織、それが政党であった。

そしてその政党観は、多くの支配層に属する人びとに共有されていた。

自由党と並ぶ民権期以来のもうひとつの政党、立憲改進党の結成に大きな影響を与えた福沢諭吉は、政党を、「観客の衆中」にいて、「観客」とともに芝居を楽しんでいる風に見せながら、じつはその芝居の台本を書き、「衆人の喜怒哀楽を自由自在に制御」している「狂言の作者」にたとえていた（「民情一新」）。

国民とともにあるかに見せながら、知らぬ間に国民の政治的感情を上から操作する組織、それが政党だとしたのである。諧謔《かいぎゃく》的にすぎるが、それは上記政党観と一致する。

また、政府にあって憲法制定の立役者となった井上毅《いのうえこわし》は、政党を政社と区別して、次のように述べていた。

今日政党の患は、世人政党の果たして何物たるを明知せざるに由る。けだし政党は政社と同じからざるなり。政党は同志相感じ主義相同じく臭味相投じ、合《がっ》して一党たるに過ぎず。而《しか》して政社は則ち名を簿籍に録し組織制置設け一社を成す、あるいは秘盟ありあるいは明約あり以て相要束《ようそく》す。……而して政社の興るは往々《おうおう》乱世に於《おい》てす。政党の盛《さかん》なるは文明の徴にして政社の多きは壊乱《かいらん》の幾《もと》なり。

（井上毅「政党論」〔明治一五年〕）

今日の政党は、政党のなんたるかもわきまえずに、つくられている。政党は政社とは違う。政党は、主義主張を同じくする者同士が、お互いの主義主張に感じてつくるものであり、政社のように、「名簿」や「組織」「秘盟」を介して団結するものではない。政社が興るのは乱世の兆しであり、政党の興るのは文明の兆しである、と。

「名簿」や「組織」「秘盟」もしくは「明約」を通じて、代議士以外の人びと、すなわち国民・有権者に強く拘束されるものを政社といい、ただ代議士たちが「主義相同じく臭味相投じ」てつくった団体を政党といったのである。

多少趣を異にするが、この政党観も上記の政党観と、基本的には一致していた。政党とは、輿論の名において、ひと握りのエリートが、そもそも輿論のなんたるかを、上から操作してつくり上げていく組織だったのである。そして、その点については、多くの人が完全に一致していた。

イギリス型立憲政へ

ただ人によって違っていたのは、ではそのエリート（党幹部）には誰がなるべきと考えるか、だけであった。

国家官僚制（官吏）の外部にいる人材がなるべきだと考える人と、その内部にいる人がなるべきだと考える人がいた。前者のタイプの人は、アメリカ型の政党を理想化し、後者のタイプの人は、イギリス型の政党を理想化した。

福沢諭吉などは、当初は「世の国会論者」同様、「議員を選挙するに政府の官吏を除いて議院の外に杜絶し、政府は則官吏を以て組成し、国会は則人民を以て組成し、府と会と相対峙《たいじ》して朝野の政権を限るの分界とするの趣向」（「国会論」）、すなわち、立法府（議会）と行政府を明確に分かち、アメリカ型の三権分立をとることを良しとする前者のタイプであったが、明治一〇年代に入ると、次のように、この国ではその上からの輿論づくりという任に耐えうる優秀な人材は、結局、「政府」内にしかいないと考えるようになり、後者を良しとするようになった。

もし英国の法に倣《なら》い、国会議員に官吏を除くことなく、国民一般の投票に附し、以て天下人心の帰向する所に随わば、今の当路者は果たしてその撰に当たらざる者なるか。吾が党の所見によれば、政府は人才の淵叢《えんそう》なるを以て、仮令《たと》い野に遺賢なきにあらずといえども、全国智徳の大半は政府中にありといわざるを得ず。（福沢諭吉「国会論」）

だから次のように述べたのである。

然りといえども吾が党頃《このご》ろ如何《いか》に国会を開設すべきかの問題を考究して大いに悟る所あり。今我が国において国会を開くに当たり、その模範を西洋諸邦の中に取らんと欲せば、議員撰挙の一事については英国の法に倣うを以て最も便なりとす。英米両国の国会を比較するに、その会の体裁および会議の勢力はもとより相均しといえども、米国は官吏を撰んで議員となすを許さず、英国はこれに異にして、政府貴顕の官吏は大抵議員たらざるはなし。この法に拠れば、英の官吏は、政府に在りては行政官となり、国会に在りては議政官となり、あたかも行議の両権を兼ねるものなるが故に、英政府は常に国会議員の多数を籠絡《ろうらく》して事を行い、意の如くならざるはなし。

（「国会論」）

もしイギリスにならって、選挙にあたって官吏も立候補していいというふうにすれば、十中八九この国においては、その官吏たちが当選する。なぜならば、この国において人材が集まるところは、官僚機構（政府）しかないからである。ならば国会を開設するにあたって、わが国がとるべき道は、アメリカのように官吏を議員選挙から排除するのではなく、イギリスのように官吏をして積極的に議員にならせ、議会と行政府を事実上一体的に運営する道、すなわち議院内閣制しかないのである、と。

そしてこの、同じ学ぶならアメリカの政党にではなく、イギリスの政党に学ぶべしとの福沢の考え方は、圧倒的影響を他に及ぼした。

明治一四年初頭、筆頭参議大隈重信《おおくましげのぶ》が、イギリス型議院内閣制（責任内閣制）の採用を中身とする——明治一四年の政変のきっかけとなった——憲法草案を起草したのも、その大隈と政治的には争った井上毅が、それでもじつはイギリス型立憲君主制を立憲政の理想としていたのも、すべて福沢の影響があればこそであった。

ちなみに明治一四年の政変とは、大隈憲法草案に反発した岩倉具視や伊藤博文らが、一〇年後の国会開設の約束を引き換えに、大隈の政府からの追放を断行した事件であったが、それを機に、この国の憲法はプロシア流の欽定憲法になることが決した。

政党の基盤としての政治的無関心

では、なぜ政党とは、輿論の名において、じつはひと握りのエリートが、上から輿論を操作する仕組み、という言説が成り立つのか。

そこでもう一度思い出してほしいのは、輿論政治の基礎にある人びとの実像である。それはもう何度もみてきたように、「国の政権に参与するが如きは……知る所に非ず、又欲する所に非ず。その欲せざる所の者をもって強てこれに与えんと」すれば、「快楽を感ぜざるのみならず、かえって痛苦を覚ゆるに足る」人びとであった。

その人びとにかろうじて求めることができるのは、政党によって提起されたいくつかの政治的選択肢のなかから、なにかひとつを選ぶ程度のことだった。政党システムは、輿論政治下の国民の政治的無関心とみごとに対応していたのである。

だから政党システムには、ひと握りのエリートが、上から輿論を操作するための仕組みとしての実が備わり、それが理想どおりに働けば、官僚制を統御できるほどに高度で専門的な輿論を生み出す、まさに立憲政を支える補助システムとして働く条件が備わっていたのである。

この国の指導者たちが、一九二〇年代までは、競って政党政治の実現に努力した所以がそこにあった。明治三三年には伊藤博文が立憲政友会をつくり、大正二年（一九一三）には桂太郎が立憲同志会をつくった。大正七年には、立憲政友会総裁原敬《はらたかし》が、日本ではじめての本格的政党政治をつくり上げた。

ただ日本において、これは結果論だが、政党政治は十分には定着しなかった。では、それはなぜだったのか。

明治三三年、立憲政友会を組織したとき、伊藤博文は「郷党の情実に泥《なじ》み、或は当業の請託《せいたく》を受け、与うるに党援を以てするが如き」人によって構成されがちな――井上毅流にいえば政党ではなく結社になりがちな――政党を、「博く適当の学識経験を備うる人才」（『伊藤博文伝』）によって構成される理想の政党につくり替えることを目的としたが、その種の目的がつねに十分には果たせなかったからであった。

大正七年九月、立憲政友会総裁原敬が、米騒動の衝撃のなか、日本最初の本格的な政党内閣を組織したとき、大正七年九月二九日の日記に、彼は次のように記していた。

三浦（梧楼《ごろう》）は去る二十五日熱海より帰京、余のため大いに尽力する積もりにて山県《やまがた》など訪問し、余にも会見を申し越し来るも、余の内心には、到底種々の分子を人材なりとて招致するも内閣の一致を期する事難く、かつ時日も遷延《せんえん》して無益の紛争を醸《かも》すの虞《おそれ》もあるにつき、何人にも協議せず、ただ一応西園寺《さいおんじ》の意向を聞きたるのみにて決定したるものなれば、折角三浦の厚意も無にする様にて心外なれば、本日夕刻直《ただ》ちに彼を訪問して事情を述べ、また将来は局外より時々の注意をなす事の外に、この内閣の民望如何《いかん》には常に注意し居りて余の自覚を待たず、局外の注意を請ふ旨依頼せり。（『原敬日記』⑧〔大正七年九月二九日〕）

できれば三浦梧楼から申し越しのあったように、優れた国家的エリートを政党の内外から迎え入れ、一流の人材内閣を組織したいが、それでは党内一致が確保できない。今は党内人材を使って、二流の内閣をつくるしかない。ここには、より本格的な政党内閣の実現を願っていながら、それが実現できなかったことの無念さが滲み出ている。

日本に、政党政治はなぜ十分には定着しなかったのか。結局、官僚制のなかからであれ、その外からであれ、優れた人材（エリート）を政党幹部に迎え入れることに、全体としては失敗したからであった。それに失敗すれば、政党システムが、立憲政の補助システムとして十全に機能することは、期待できなくなってしまうからであった。

政党政治導入の最大の眼目は、選挙を行う有権者の質にかかわりなく、選挙される代議士には、優れた理性的人材を確保し、官僚制を統御しうるだけの高度な輿論を形成することだったからであった。その肝心の理性的人材が得られないのでは、仕方がなかったのである。

福沢諭吉と加藤弘之の「転向」

福沢諭吉の場合

では、政党システムが、立憲政の補助システムとして十分に機能しなかったとして、ほかに有効な立憲政の補助システムはなかったのだろうか。

もうひとつあった。ただそれはなにかを検討する前に、ここではまず、福沢諭吉と加藤弘之という明治を代表する二人の啓蒙思想家の、「転向」の軌跡を追っておきたい。ことを理解しやすくするためである。

まず福沢諭吉であるが、彼は日清戦争を前にして、次のように述べている。

> 支那人を……軽侮するもの多しといえども、これまた感服するに足らず。その論にいわく、兵を強くして国を護るは民心の一致に在り、民心を一致せんとするには、国民各政治の思想を抱きて自から護国の念を発するに非ざれば不可なり、支那の政治風俗の如《ごと》きはまったくこれに反するものなりとて、その旨を推して論ずれば、専制政府の下に強兵なしというものの

如しといえども、いわゆる腐儒《ふじゅ》の理論にして、実際を見ざる者の言のみ。……圧制政府の兵にても自由政府の兵にても、強き者は勝ちて弱き者は敗すべし。その強弱は、軍人の多寡と、兵器の精粗と、隊伍《たいご》編制の巧拙と、国財資本の厚薄とに在て存するのみ。

（福沢諭吉「兵論」）

国家の強弱は、民主主義の有無、「民心の一致」の有無、「専制政府」か否かによって決まるものではない、「軍人の多寡」「兵器の精粗」「隊伍編制の巧拙」「国財資本の厚薄」によって決まるだけであると。

かつて「一国独立」の基礎を、一人ひとりの国民の「一身独立」に求めた（『学問のすゝめ』）人物とも思えない発言である。福沢は、明らかに「転向」していた。

では、天賦《てんぷ》人権論に立脚し、啓蒙主義の先頭に立っていた福沢が、日清戦争を前にして、なぜこうした考えをもつに至ったのか。

西南戦争が終結したとき、西郷軍に身を投じようとまで思っていた福沢は、日本の将来に絶望を感じ、明治一二年（一八七九）になると「民情一新」なる文章を著し、「自由」「進取」について次のように述べるに至っていた。

千八百年代にはきわめて不似合いなることなれども、前代に稀《まれ》にしてかえって今代に多く、しかも三、四十年来欧洲の文明一面目を改めたりと称する正《まさ》にその時限に当たって、特に人心の穏やかならざるは何ぞや。不可思議に似て決して不可思議にあらず。けだし今の世界の人類は常に理と情との間に彷徨《ほうこう》して帰する所を知らず、これを要するに細事は理に依頼して大事は情に由《よ》って成るの風なれば、……その情海の波を揚げたるものを尋ぬれば、千八百年代に発明工夫したる蒸気船車、電信、印刷、郵便の利器といわざるを得ざるなり。

（福沢諭吉「民情一新」）

人は、「小事」は「理」で動いても、「大事」は「理」では動かない。「情」で動く。現下の世界を動かしているのは、人の理性の進歩でもなんでもない。「千八百年代」に起きた「蒸気船車、電信、印刷、郵便の利器」の「発明工夫」――産業革命――に刺激され、欲望の肥大化した人の「情」なのだ。

その「情」の肥大化があればこそ、人は「自由」「進取」を求める。「三、四十年来欧洲の文明一面目を改め」、すなわち立憲政体が各国でほぼ定着しても、いっこうに「人心の穏やかならざる」はそのためである、と。

国家＝利益共同体説へ

そしてその延長上に、次のように考えはじめていた。

当然政体の良否も、民主主義の有無によっては決まらない。その一九世紀産業革命がもたらした、人の「情」の動き（欲望の肥大化）に耐えうるか否かによって決まる。イギリス型の立憲君主制が比較的良好な政治なのも、それが「良政」であるとか、「美政」であるからではない。それが世界のさまざまな政治体制のなかで、珍しくその一九世紀産業革命がもたらした「情」の肥大化を柳に風と受け流し、社会の安定化に成功しているからである。

ヨーロッパ各国が、「文明の進歩するに従いて益《ますます》官民の衝撞《しょうとつ》を増し、双方相互にその一方を殲《せん》滅《めっ》するに非ざればその収局を見るべからざるが如」き観を呈する――すなわち、文明が進歩すればするほど官民の衝突が激しくなる――なか、イギリス一国だけが「人文進歩の有様に適して相戻らざる機転」を発揮し、「政治の別世界を開き、よく時勢に適して国安を維持する」ことに成功しているからであると。

では、彼は、一九世紀産業革命の刺激によって肥大化しつづける人の「情」をよく受け止め、社会の安定を保つためには、結局どうしたらよいと考えたのだろうか。明治二四年に書いた「瘠我慢の説」において、次のように述べていた。

立国は……すべてこれ人間の私情に生じたることにして天然の公道にあらずといえども、開闢《かいびゃく》以来今日に至るまで世界中の事相《じそうみ》を観るに、各種の人民相分かれて一群を成し、その一群中に言語文字を共にし、歴史口碑《こうひ》を共にし、婚姻相通じ、交際相親しみ、飲食衣服の物、すべてその趣を同じうして、自《おのず》から苦楽を共にするときは、復《ま》た離散すること能《あた》わず。即ち国を立てまた政府を設《もうけ》る所以にして、既に一国の名を成すときは人民はますますこれに固着《こちゃく》して自他の分を明にし、他国他政府に対しては恰《あたか》も痛痒《つうよう》相感ぜざるが如くなるのみならず、陰陽表裏共に自家の利益栄誉を主張して殆《ほと》んど至らざる所なく、そのこれを主張することいよいよ盛なる者に附するに忠君愛国等の名を以てして、国民最上の美徳と称することそ不思議なれ。故に忠君愛国の文字は哲学流に解すれば純乎たる人類の私情なれども、今日までの世界の事情においてはこれを称して美徳といはざるを得ず。（福沢諭吉「瘠我慢の説」）

そもそも国家を「天然の公道」に基づく団体と捉えることをやめ、「人間の私情」に生じた、したがってその「私情」を同じくする一群の人びとが「言語文字を共にし、歴史口碑を共にし、婚姻相通じ、交際相親しみ、飲食衣服の物、すべてその趣を同じう」する――趣味・嗜好＝文化を同じくする――ことで、「自他の分」を明らかにし、「他国他政府」を犠牲にしてでも「自家の利益栄誉」を主張するための団体と見なしたのである。そして、他国と競争し戦うことで、城内平和を実現していくことをめざしたのである。

なかでも「哲学の私情は立国の公道」（216ページ）、これはいたって刺激的な一語であった。国家の利益団体化、それが産業革命が肥大化させた「情」にいかに対応するかとの問いに対する福沢の答えであった。

そして、その国家＝利益団体説に立脚したから、日清戦争に際し、国力比較をするのに彼は、「民心の一致」ではなく、「軍人の多寡」「兵器の精粗」「隊伍編制の巧拙」「国財資本の厚薄」に基準を求めたのである。「民心の一致」は、国家が対外戦争に勝ち、利益団体としての実を示すことのできた結果、生まれるものだからであった。

なお付け加えておけば、国家の利益団体化の別表現が国家の民族国家化であり、帝国主義国家化だったのである。世界の一角に住む一群の人びとが、ひとつの利益団体を構成するための手段は、「言語文字を共にし、歴史口碑《こうひ》を共にし、婚姻相通じ、交際相親しみ、飲食衣服の物、すべてその趣を同じう」することだったからであり、国家と国家の国際競争は、かならず帝国主義的植民地争奪戦を引き起こすからであった。

その意味では、福沢が日清開戦以前に、すでに明治一七年、日本が金玉均《キムオツキヨン》や朴泳孝《パクヨンヒヨ》ら「開化派」を援助して、朝鮮でのクーデターを企てた甲申《こうしん》事変に関与するなど、日本の帝国主義政策に深くかかわりをもちはじめていたことは注目すべきである。

加藤弘之の場合

次に加藤弘之であるが、彼の「転向」は有名である。彼は明治一五年に『人権新説』を発表した段階で、あえてみずからがそれまで立脚していた天賦《てんぷ》人権論を放棄し、天賦人権論に立脚してかつて書いた『真政大意』『国体新論』を絶版にするなど、社会有機体説＝社会進化論の立場に立つことを明言した。

社会を一人ひとりの個人の集まりと捉えることをやめ、社会（国家）それ自体をひとつの有機体として、弱肉強食世界に生きる、独自の人格をもった主体とする見方を選択したのである。

では、それはなんのために。

ひとつは、福沢同様、国家＝利益団体説に立つためであった。国家を、弱肉強食世界において、生存をかけて競争する主体と見なすのであるから、それは当然であった。

ただ目的はもうひとつあった。それは、利益団体としての国家にふさわしい、人権意識の再構築を行うためであった。

彼は、社会進化について次のように述べていた。

この世界における進化を保障するものは。人以外の動物においては、弱肉強食世界で生き残る力、すなわち強者であることであるが、人の場合は違う。人の場合は、「国家」を組織し、国家の次元で強国をつくる能力である。

では、いかにすれば強国が生み出せるのか。「邦国《ほうこく》なるものは、素《も》と人衆中に賢愚・強弱・尊卑・貧富等の異同ならびに人種・民族の殊別等、即《すなわち》約言すれば、優劣の等差あるより生じたるもの」である。「賢愚・強弱・尊卑・貧富等の異同」ある人がいて、分業がよく組織されていて、はじめて強国は生み出せる。

加藤弘之（1836～1916）　但馬出石藩出身の洋学者。東京大学綜理や二代帝国大学総長に就任するなど、近代高等教育の礎を築いた。

ならば進化的世界を生きていくうえで、いちばんあってはならないのは「人衆中に只管《ひたすら》優勝劣敗のみ行われて、優等なる各個人は妄《みだり》に劣等なる各個人を圧倒し、優等なる親族・部落等は恣《ほしいまま》に劣等なる親族・部落等を抑圧する等」のことである。国家内部における過度な優勝劣敗、弱肉強食の論理の横行である。

なぜならば、「斯《か》くひたすら優勝劣敗のみ行われて優劣互に全く利害を異にするときは決して鞏固《きょうこ》なる団結共存をなす能わざること必然」だからである。強者が弱者を抑圧しすぎる社会において、正常な分業は組織できないからである。

だから強国をつくり、進化論的世界で生き残っていこうとすれば、個々人間の優勝劣敗、弱肉強食の競争は、それをゼロにするわけにはいかないが、過度なものに発展しないよう、適当なところで抑えなくてはならない。そのためには、「必ず先ず専制の権力」を用いて、「諸優者の自由放恣《ほうし》」(『人権新説』)を禁ずる術を施さなくてはならないのである。

では、その「諸優者の自由放恣」を禁ずる術を施すためには、どうすればいいのか。三つ行わなくてはならないことがあった。

一つは、「優者」中の「勇者」=「最大優者」に、「諸優者の自由放恣」を抑圧する「専制」の権を与えることであった。主権者の絶対性を保障することであった。

二つ目は、その裏返しに、「勇者」が自由に弱者を抑圧する根拠となっている、人に与えられた天賦の人権を制限することであった。人の自由を、今日風にいうと、「公共の福祉」に反しないかぎりの自由に制限することであった。日本国憲法第一二条の次の考え方を、人権論に導入することであった。

第一二条〔自由・権利の保持義務、濫用の禁止、利用の責任〕この憲法が国民に保障する自由及び権利は、国民の不断の努力によつて、これを保持しなければならない。又、国民は、これを濫用してはならないのであつて、常に公共の福祉のためにこれを利用する責任を負ふ。

そして三つ目は、今度は、通常は「諸優者の自由放恣」の犠牲となる弱者の側に、――ということは「全人民」に――「やや権利と義務とを授与」（『人権新説』）することであった。次の日本国憲法第二五条にあるような、生存権的権利概念を確立することであった。

第二五条〔生存権、国の生存権保障義務〕すべて国民は、健康で文化的な最低限度の生活を営む権利を有する。

②国は、すべての生活部面について、社会福祉、社会保障及び公衆衛生の向上及び増進に努めなければならない。

こうして単一不可分の利益団体としての国家が、進化論的世界において生き残りをかけて争うために必要な権利意識の体系を構築すべく、加藤は社会進化論＝社会有機体説を展開したのである。福沢諭吉と同じく、国家＝利益団体説に立ちながら、それに立脚したとき、法体系はいかに再編すればいいか、そのことに思いを致したのが、加藤弘之であった。

国家法人説の定着

国家法人説とはなにか

参政権さえ欲しない人びとを土台に、立憲政体というトリックを使って、生者の輿論を死者の輿論と同等の法にまで引き上げようとすれば、政党政治と並んでもうひとつ求められる方法（補強システム）は、すでに述べた福沢諭吉や加藤弘之の考え方に立って、国家を利益共同体と見なす方法だったのである。国家を利益共同体と捉え、他国との競争のなかで選択を余儀なくされる行動規範を、本来の国家意思と見なし、議会の構成する輿論の上位におくという方法であった。

たしかにそうした方法をとることができれば、輿論の実体がいかなるものであれ、国家意思は必要な専門性とレベルを備えたものになるはずであった。

ただその方法をとるにしても、あくまでも立憲政の補助システムとしてとるのであって、立憲政を超越するシステムとしてとるのではない。立憲政を抜きにして、安定した死者の輿論の支配を実現する方法はないし、安定した死者の輿論の支配を実現することなく、輿論政治を続けることはできないからである。輿論政治は、けっして放棄しえない、鎌倉時代以来の歴史的選択だったからである。

では、そうした国家間の力関係の関数としての国家意思の決め方と立憲政は、いかにすれば調和させることができるか。新たな政治的言説の構築が求められた。そしてその課題に応えたのが、ふたりの東京帝国大学教授、憲法学の美濃部達吉《みのべたつきち》と、政治学の吉野作造《よしのさくぞう》であった。

そこでまず、しばしば人口に膾炙《かいしゃ》する美濃部達吉の国家法人説（天皇機関説）とは、いったいいかなる考え方かをみていくことにする。それは、「法理上国家は統御の主体なり、天皇は即ち国家なり」（穂積八束《ほづみやつか》「帝国憲法ノ法理」〈明治二二年〈一八八九〉〉）と、天皇＝国家論を唱えたことで有名な穂積八束（第一の憲法の番人）から、次のように批判される考え方であった。

「自然人（法人に対する言葉）」に「固有にして自由なる意思」が存在するのは、当然のことである。ただ「法」は、「自然人単個の生命は余りに短く、その孤独の力は余りに微弱にして社会的永遠洪大の事業を遂行するに適せざる場合多きが故」に、「個人の生命を延長し個人の力を強大にし、以てこの社会的の須要《すうよう》に応」ぜんがため、「結社」や「団体」にも「法律関係の主体」（法人格）になることを認めている。法は、人の非力さや寿命の短さに鑑み、人がつくる団体に法人格を与えることを認めているのである。

しかし、だからといって、「結社」や「団体」に自然人同様のそれ自体の意思が備わっている、と考えているわけではない。その意思は、たまたまその「結社」や「団体」の「代表」の地位についた自然人の意思によって、便宜上代表されているだけである。

その「代表」と「団体」のあいだに、代表関係はあっても、代理関係はない。あらかじめ存在する団体の意思を、その「代表」が代理・代弁しているわけではない。親が子を代表するのに、親自身の意思でもって子の意思を代表するのであって、子の意思に拘束されないのと同じだ。

人間以外に人格なし。

肉体の人即ち人格なり。人間の外に社会の福利を享有すべき主体あることなし。

（穂積八束「法典及人格」〈明治二六年〉）

これは天地自然の道理である。だから国家という法人を代表し、統治権を総攬《そうらん》するのが天皇であるとすれば、天皇は、あらかじめどこか自分の外に存在している国家の「意思」を代理するのではない。みずからの意思で、国家の意思を代表するだけである。だから「天皇は即ち国家」ということになるのである。

したがって次のように主張し、あたかも国家それ自体に意思が備わっているかのようにいう美濃部の考え方は、間違いである。

統治権は国家の権利であって、君主の権利でもなく国民の権利でもない。統治権は国家という団体の共同目的を達するがために存する所の権利で、その団体自身が統治権の主体と認むべきことは、当然であります。君主が主権者であるというのは、君主が国家の最高機関であって、国家内において最高の地位を有する者であることを意味するものと解すべきでありま す。主権者という語は、きわめて普通な語でありますから、その語を使用するのは、あえて差し支えは無いが、ただその意味を正解することが必要で、決して統治権の主体という意味に解してはならぬのであります。

（美濃部達吉『憲法講話』）

なぜならば、それは、天皇が統治権の総覧者であるということを、天皇の意思以前にあらかじめ存在している国家の意思を、天皇がただ代理しているだけと見なしているからである。

これが穂積による美濃部批判であった。

国家それ自体の意思の実在

さて批判者の弁は、ことの本質を見極めるのに便利である。美濃部の国家法人説の最大の特徴は、国家を法人と見なすこと、それ自体ではなかった。それだけであれば、穂積もそう見なしていたし、上杉慎吉《うえすぎしんきち》もそう見なしていた。一木《いちき》喜《き》徳郎《とくろう》も、さらには憲法の制定に深くかかわった井上毅《こわし》などもそう見なしていた。そもそも上杉慎吉は、ドイツ留学の際、国家法人説の発案者イエリネックのもとに下宿していたのである。

美濃部達吉（1873〜1948）　兵庫県高砂出身の東京帝国大学憲法学教授。穂積八束・上杉慎吉と相対し、天皇機関説を主張した。

その特徴は、国家を、法の力が人格を与え生み出した団体と見る域を超えて、それ自体固有の意思をもつ、自然人同様の団体、すなわち人と同じ有機体と見なした点にあった。

「その如何なる種類たるかを問わず総《すべ》ての団体には必ず或《あ》る目的が有る。その共同目的は固《もと》より団体に属して居る各個人の目的ではあるけれども、各個人が各自独立にその目的を達しようとするのではなく、団体共同の力によってこれを達しようとするのであるから」「団体そのものを恰《あたか》も生存力を有《も》って居る活物の如く看做《みな》」(『憲法講話』)すとは、『憲法講話』の段階ですでに確立された美濃部の持論であった。

そして、そうであるがゆえに美濃部は、団体としての国家を代表し、その意思を表現する個人、もしくは諸個人は、けっしてみずからの意思でそれを行うのではない、あくまでも自己の意思以前に、みずからの意思の外に存在する団体それ自体の意思を、代理・代弁する形でそれを行うのだと考えたのである。

だから、彼らは「機関」であって「主体」でなかった。天皇でさえ「最高機関」であって、主権者でなかった。その点、美濃部は次のように述べている。

団体意思は、一定の目的の為にする多数人の組織的結合体がその目的の為にする意思をいう。団体は自己の目的を有し、したがってまたその目的の為にする意思力を有するものとして認識せらるるなり。機関意思は団体の機関が団体の目的の為にする意思をいう。団体の目的の為にするものなるをもって、心理上には機関の地位にある個人の意思なるも、法律上には機関意思として認識せられ、個人意思とは区別せらる。

(美濃部達吉『憲法撮要』)

否、それどころではない。国民から「委任」を受け、まさに「輿論」を形成する役割を担うはずの議会でさえ、あらかじめ存在する国家意思を代理・代弁するためだけに存在するひとつの「機関」にすぎないとしたのである。みずからの意思により、「輿論」（法律・予算）を生み出す主体的な存在ではないとしたのである。

議会は国民の委任による代表機関ではない。

其（国家）の法定代表の機関である。（美濃部達吉『議会制度論』）

なんと強烈な言い方であろうか。だから彼は、「今日既に命令的委任を以て民主的思想の最後の結果なりと主張する声が漸次《ぜんじ》高くなりつつある」（『憲法と政党』）ことを極端に恐れ、一九三〇年代になると、次のように「大衆的民主政治」を「貴族化」された「首領寡頭政治」に置き換えることとさえ提案したのである。

代議制の国家の本質に関する旧来の自由主義の思想は……これをふたたび貫徹することは望

みがたい。それであるから政党国家を離るるためには大衆的民主政治から脱出するかまたはこれに打ち勝つのほかはない。それには「平等主義」の民主政治を貴族化して首領寡頭《かとう》政治に変化せしめ、もって無責任なる政党組織および政党の背後に匿《かく》れておるいっそう無責任な勢力に代うるに、独立なしたがって責任ある指導者をもってせしむることも思考し得べき所であり、またそれが既に発達の端緒にあるとしておる者も少くない。……政党国家の攻進に体する安全なる防御は、ただその根源である分子的個人主義的な国家観を廃棄して、有機的な国家観をもってこれに代うるによってのみ始めてこれを求むることを得るからである。

（美濃部達吉『憲法と政党』）

主権の自己制限について

ただこうしてみてくると、当然のこととして、ひとつの疑問が湧いてくる。国家であれなんであれ、その「代表」の意思を離れて、「団体」それ自体の意思などはたして存在するのだろうか、という疑問である。穂積が美濃部に対して呈した疑問である。

しかし、美濃部は存在するといった。では、彼はどのようにその存在を説明したのか。彼はまず、主権とは「最高独立」の意思のことだと述べ、その「最高独立」の意思とは、次のような意思のことだと述べた。

最高または独立とは、自分以上にいかなる権力も存せず、自分の意思に反して他のいかなる意思によっても支配せられないことを意味するのであって、なんらの積極的の内容を有せず、純然たる消極的の観念である。Supreme, independent, höchst, unabhängig などの語がこれに相当する。一は人を支配することであり、一は他から支配せられないことである。

（『憲法と政党』）

「自分の意思に反して他のいかなる意思によっても支配せられない」意思のことであると。ただそこで彼にとって大事なことは、主権を有する国家は、ただ一国だけで存在することはないということであった。かならず周りを、同様の主権を有する国家に囲まれて存在する。ならば、本来並立しえない「最高独立」の意思と「最高独立」の意思が並立することになり、そこにはかならず矛盾が生じる。

では、その矛盾は、どのように乗り越えられるのか。彼は次のように述べた。

たしかに「国家は最高独立他の権力の支配の下に立つものではないから、自己の意思に反して他の権力によってその意思を制限せらるること」があってはならない。その意味では、「国家はあるいは無制限の意思力を有」していなくてはならない。

ただそれは「自己の意思に反して他の意思に依る制限を受けない」というだけであって、「自己の意思」によって、「他の意思に依る制限」を受け入れることまで排除はしない。「自己の意思」に基づくものであれば、周りからのいかなる制限も、それは主権の「最高独立」性の侵害にはならない（『憲法と国家』）。

それを主権の自己制限という。じつはすべての主権は、その主権の自己制限を行うことによって、ほかの主権との共存を実現していると述べた。

ならば、ひるがえって主権（団体）の意思とは、ほかの主権からの諸々の制限の結果生まれる、主権間の力学の所産としての関数的意思ということになる。当然、それは団体内部から積み上げられた意思ではないから、団体それ自体の意思ということになり、団体内のいかなる意思からも独立している。

かくて主権の自己制限論を用いることによって、美濃部は、団体（国家）それ自体の意思の存在を証明することに成功したのである。美濃部は、福沢や加藤が描いた国家＝利益共同体説的な国家意思決定論に、憲法学的な装いを与えたのである。

当然彼自身、国家＝利益共同体説（有機体説）に立脚していた。彼が事あるごとに、団体は「一定の目的の為にする多数人の組織的結合体」とか「分子的個人主義的な国家観」を廃棄して、「有機的な国家観」をもってこれに代えるとか述べていたことは、すでにみたとおりである。

民本主義という選択

美濃部憲法学説に足りないもの

国家＝利益共同体説に立ち、国家がほかの国家との競争場裏でもたざるをえなくなる意思を、主権の自己制限論を使って、主権的意思として正当化したのが、美濃部《みのべ》憲法学説であった。議会を通じて形成される輿論のいかんを問わず、国家が国家運営上必要な意思を調達するためには、きわめて有効な憲法学説であった。

しかし、当然誰しも思うだろう。「えっ、これが立憲国家の憲法学説か」と。要は、議会が形成する輿論をほとんどないがしろにする憲法学説のようにもみえるからである。事実、一九二〇年代から三〇年代にかけて、美濃部語録は、議会制民主主義を否定する言葉にあふれていた。ゆえに、美濃部憲法学説（国家法人説）は、単独では、立憲政を支える補助システム構築のための言説にはなりえなかった。それを支えるもうひとつの言説が必要だった。それが、同じく東京帝国大学教授、吉野作造《さくぞう》のつくり上げた民本《みんぽん》主義言説であった。

そこで次に、これまた有名な吉野作造の民本主義について概観しておくが、まずそれは国家の存在を全面的に肯定し、「各個人の国家的行動を命令し得る法律上の力」である「主権」への「各個人」の「服従」「盲従」を求める思想であった。

若き日に行った社会主義者木下尚江《きのしたなおえ》との論争において、吉野は「統治なくしては社会は成り立た」ないがゆえに、「政治的方面を欠如せる社会」はこの世に存在しえない。ゆえに、「吾人《ごじん》は国家（即ち社会）を離れて一日も生存すること能《あた》わざるものなり」（「木下尚江君に答ふ」〈明治三八年〈一九〇五〉〉）と述べ、さらには次のように述べていた。

予の観るところによれば、「主権」とは各個人の国家的行動を命令し得る法律上の力なり。ゆえに主権は、全然各個人に臨むにその国家的行動に対する外部的規範として服従（語を極端にしていえば盲従）を迫るものといわざるべからず。

（吉野作造「『国家威力』と『主権』との観念に就て」〈明治三八年〉）

間違っても啓蒙主義的な民主主義者ではなかった。そしてその「主権」の内容については、次のように述べていた。

国家威力は国家ひとりこれを有す。而《しか》して何人がはたしてこの国家の威力を行うかは、これ各その国の歴史と国民の信仰とによりて定むるところ、あるいは君主たることあるべく、あるいは議会たることあるべし。これ主権者を国権の本体といわずして国家最高の機関といいし所以《ゆえん》なり。

（吉野作造「木下尚江君に答ふ」）

美濃部同様、国家法人説（天皇機関説）に立脚していた。国家意思の主体は国家それ自体であって、「君主」でも「議会」でもない。「君主」や「議会」は、「機関」として国家意思を代理・代弁するだけであると述べていたのである。

そしてそう考えるから次のようにも述べ、「民主主義」と「君主国」の区別など「その国の歴史と国民の信仰とに依りて定る所」のものであって、国家にとってけっして本質的なものではないとしたのである。

民主主義と君主国との矛盾を観ぜしは国家の論究において本質論と主権論とを混同せる陳套《ちんとう》時代の事のみ。君主国の否定は民主的国家本質論の当然の論結にあらざるや燎々として火を見るよりも明白たり。

（「木下尚江君に答ふ」）

のちに「民本主義」という概念を世に広めた論文「憲政の本義を説いて其有終の美を済すの途を論ず」（大正五年〈一九一六〉）において、民本主義のなんたるかを説明するのに、彼が「もちろんこの主義が、よりよく且《かつ》より適切に民主国に行われ得るは言うを俟《ま》たない。しかしながら君主国にあってもこの主義が、君主制と毫末《いささか》も矛盾せずに行われ得ること、また疑いない。なんとなれば、主権が法律上君主御一人の掌握に帰しておるということと、君主がその主権を行用するに当たってもっぱら人民の利福及び意嚮《いこう》を重んずるということとは完全に両立し得るからである」と述べたのも、この国家法人説に立脚していればこそであった。

民本主義の契機としての不羈自存

では、同じ国家法人説に立脚していながら、吉野は美濃部とどこが違ったのだろうか。それは吉野が、次のような人間観をもつに至っていた点においてであった。

そもそも人類はもと孤棲《こせい》するを得ず、個人の物質上ならびに精神上の生活は決して社会国家を離れて存在するものに非ず。即ち各個人は皆社会国家なる団体の一員として常にその団体の意思に統制指導せらるるものなり。この各個人の内外一切の生活の最上の規範たる「団体の意思」を国家精神または国家魂という。然れども人類はもと不羈自存《ふきじそん》の目的と独立自由の意思とを固有するものなり。不羈独立と束縛とは相容《い》れず。故に今ここに各個人の上に在りてこれを統制する一大意力ありとすれば、そは必ずや各個人共通の意思にその根帯《こんたい》を有せざるべからざるや弁明を待たず。然らば即ち各個人は啻《ただ》に受動的に国家精神の統御に服するものたるのみならず、またよく自働的に国家魂を作るものといわざるべからず。

（吉野作造「国家魂とは何ぞや」〔明治三八年〕）

たしかに人は、孤立しては生きられない。社会のなかで生きるしかないから、「団体の意思」に支配され、それに「服従」して生きるしかない。

しかし、とはいえ、人に「不羈自存の目的と独立自由の意思」が備わっているのも、また事実である。だから人にとって、たとえそれがどんなに合理的な選択であれ、「団体の意思」への無条件「服従」は、やはり堪えがたい選択になる。「不羈独立と束縛とは相容れ」ないからである。

だから人は、たとえなにかに「服従」せざるをえないときでも、かならずその「服従」を、自発的な「服従」に読み替えようとする。「受働的に国家精神の統御に服する」行為でも、「自働的に国家魂を作る」行為に読み替えようとする。「今ここに各個人の上に在りてこれを統御する一大意力ありとすれば」、かならずそれを「各個人共通の意思にその根帯を有」するものに読み替えようとするのである。

それが人なのだと考えた点において、吉野は美濃部を超えていた。ならば、国家意思の向かう方向を、人がその読み替えを行いやすい方向に向けてやればいいのである。「人民の利福及び意嚮を重んずる」方向にである。ならば、人はかならず、それをみずからの意思のように読み替えてくれるはずだからである。本来は上から与えられた意思であるにもかかわらず、あたかもみずから選択した意思のように読み替えてくれるはずだからである。

吉野作造(1878〜1933)　宮城県出身の東京帝国大学政治学教授。民本主義の主唱者として、大正デモクラシー運動の先頭に立った。

その結果、議会を通じて形づくられる輿論が、おのずから、本来は上から強制される国家意思と合致するようになる。美濃部憲法学がかかえていた矛盾、国家の対外主権的な意思と輿論の乖離が、緩和されることになるのである。

だから「法律の理論上主権の何人《なんぴと》に在り

やということは措《お》いてこれを問はず、ただその主権を行用するに当って、主権者は須《すべか》らく一般民衆の利福並に意嚮《いこう》を重んずるを方針とすべし」（「憲政の本義を説いて其有終の美を済すの途を論ず」）というのが、吉野の説く「民本主義」ということになったのである。

たしかにこの吉野の民本主義によって補強されれば、美濃部憲法学説も、主権の自己制限によって、主権者間の関数値として得られた国家意思を、議会によって形成される輿論に置き換える術をもつはずであった。そのことにより、立憲政を逆に輿論の非専門性・低位性から解放するシステムにすることも可能になるはずであった。民本主義に補完された美濃部的国家法人説が、立憲政の補助システムになるのは当然であった。

ただ、主権者が「一般民衆の利福並に意嚮を重んずる」方針をとれば、かならず民衆がそれに応え、主権者の意思をみずからの意思に読み直し、必要な輿論を形成してくれるかというと、現実がそれほど簡単なものでないことは、吉野も十二分に承知していた。

しかし、にもかかわらず彼は、

憲政のよく行わるると否とは、……実に国民一般の智徳の問題である。けだし憲政は国民の智徳が相当に成育したという基礎の上に建設せらるべき政治組織である。もし国民の発達の程度がなお未だ低ければ、「少数の賢者」即ち「英雄」に政治上の世話を頼むというわゆる専制政治もしくは貴族政治に甘んずるの外はない。
（吉野作造「憲政の本義を説いて其有終の美を済すの途を論ず」）

といった常套句に対しては、つねに反対し、アメリカでは下層の労働者階級までが選挙権をもっているが、それでも「ルーズヴェルトの如きまたウイルソンの如き曠世の英雄が国家最高の地位に挙げら」れているではないかと言いつづけた。「民衆の智見の高いのは何処までもこれを希望すべきものなる事はいうを俟《ま》たぬ。然しそれ程高くなくとも民本主義はこれを行うに差し支えはない」（同前）との持論を堅持したのである。

また、だからこそ彼は美濃部と違い、選挙権の拡張に期待し、普通選挙運動にも取り組んだ。大正デモクラシーの旗手とされ、大正七年（一九一八）には福田徳三・今井嘉幸らとともに黎明会を組織、大正一五年には安部《あべ》磯雄《いそお》らとともに、無産政党のひとつ社会民衆党の結成に参加したのである。

では、その彼の、東京帝国大学教授らしからぬ民衆への信頼を支えたものはなにか。それは「従来の国家の待遇殊寵を受けて居つた其地位を利用し、常に一歩民衆に先んじ社会を指導し民衆の模範たるの実力を養ふ」「少数特権階級」（同前）としての、社会主義者たちへの信頼であった。保守政治家や官僚と同根より出た社会主義エリートへの信頼であった。だから彼自身、社会民衆党の結成に参加したのである。

その意味で民本主義の成否は、社会主義エリートの成熟度に大きくかかっていたといってよい。ただし、その信頼がほんとうに報いられることは、彼が昭和八年（一九三三）にそのやや短い人生（五五歳）を終えるまでついになかったのだが。

第五章

国家＝利益共同体説の矛盾

民族の形成へ――歴史観の転換・邪馬台国論争

邪馬台国論争とはなにか

かくて、さまざまな限界はありながらも、政党政治と国家＝利益共同体説（国家有機体説）に補強されることによって、ようやく立憲政は完成した。単なる輿論《よろん》ではなく、死者の輿論に代替しうる専門的で高度な輿論を形成する能力をもち、輿論政治を安定的に運営していくことができるようになった。

しかし、成立は崩壊のはじまりであった。それができるようになるために、あえて政党政治システムや国家＝利益共同体説に頼ったことは、この社会が新たな矛盾をかかえるきっかけともなった。

政党政治が政治に持ち込む「金権・腐敗」などは、その矛盾の最たるものであったが、ほかにもあった。

そのひとつが、国家を利益共同体化するためには、福沢が国家を「言語文字を共にし、歴史口《こう》碑《ひ》を共にし、婚姻相通じ、交際相親しみ、飲食衣服の物、都《すべ》てその趣を同じうして、自から苦楽を共にする」団体化すること、すなわち民族国家化することが大切だと言ったが、そのことからくる矛盾であった。

そのためには、自（国）他（国）を分かつ固有文化の創出が不可欠であったが、その固有文化の創出のためにつくり出される歴史観が、死者の輿論を生み出すために営々と積み重ねられてきた歴史観をもののみごとに破壊してしまうという矛盾であった。

では、それはどういうことか。そこでみておきたいのは、明治四三年（一九一〇）に、東京帝国大学教授白鳥庫吉《しらとりくらきち》と京都帝国大学教授内藤湖南《ないとうこなん》のあいだで闘わされた邪馬台国《やまたいこく》論争である。

周知のごとく「魏志倭人伝《ぎしわじんでん》」に記された次の部分の読み方いかんによって、そこに記された「邪馬壱国」（邪馬台国）を、九州にあった王国とみるか、畿内（大和）にあった王国とみるかの論争であった。

郡（帯方《たいほう》郡）より倭に至るには、海岸に循《したが》って水行《すいこう》し、韓国を歴《へ》て、乍《あるい》は南し乍《あるい》は東し、その北岸狗邪韓国《くやかんこく》に到る七千余里。始めて一海を度《わた》る千余里、対馬《つしま》国に至る。その大官を卑狗といい、……深林多く、道路は禽鹿の径の如し。千余戸あり。良田なく、海物を食して自活し、船に乗りて南北に市糴《してき》す。また南一海を渡る千余里、名づけて瀚海《かんかい》という。一大国に至る。官をまた卑狗といい、副を卑奴母離という。方三百里ばかり。竹木・叢林多く、三千ばかりの家あり。やや田地あり、田を耕せどもなお食するに足らず、また南北に市糴す。また一海を渡る千余里、末盧《まつら》国に至る。四千余戸あり。山海に浜《そ》うて居る。草木茂盛し、行くに前人を見ず。好んで魚鰒《ぎょふく》を捕え、水深浅となく、皆沈没してこれを取る。東南陸行五百里にして、伊都《いと》国に到る。官を爾支といい、副を泄謨觚・柄渠觚という。千余戸あり。世々王あるも、皆女王国に統属す。郡使の往来常に駐《とど》まる所なり。東南奴国に至る百里。官を兕馬觚といい、副を卑奴母離という。二万余戸あり。東行不弥《ふみ》国に至る百里。官を多模といい、副を卑奴母離という。千余家あり。

南、投馬《とうま》国に至る水行二十日。官を弥弥といい、副を弥弥那利という。五万余戸ばかり。南、邪馬壱国に至る、女王の都する所、水行十日陸行一月。官に伊支馬あり、次を弥馬升といい、次を弥馬獲支といい、次を奴佳鞮という。七万余戸ばかり。女王国より以北、その戸数・道里は得て略載すべきも、その余の旁国は遠絶にして得て詳かにすべからず。

次に斯馬《しま》国あり、次に己百支国あり、……次に烏奴国あり、次に奴国あり。これ女王の境界の尽くる所なり。

その南に狗奴国あり、男子を王となす。その官に狗古智卑狗あり。女王に属せず。郡より女王国に至る万二千余里。

（「魏志倭人伝」）

内藤湖南（左、1866～1934）と白鳥庫吉（右、1865～1942）　明治43年に邪馬台国論争を引き起こした、京都・東京両帝国大学の東洋史学の教授。

論争のきっかけは、傍線を施した部分の不可解さであった。

通常、人は、「邪馬台国」は「大和国」のことだと思う。しかし、傍線部をすなおに読むと、どうも大和に行きそうにない。「奴国」は、のちの那の津、博多のこと、「不弥国」も北九州のどこかということになるから、その「不弥国」から「水行二十日」で到達する「投馬国」はだいたい岡山付近（吉備《きび》国）、さらにそこから「水行十日」で再上陸する地点は大阪湾岸のどこか。

すると、その後大和に行くのに、「陸行一月」は長すぎるからである。

書いてあるとおりに行けば、ぜったいに大和に行けそうにない。これはおかしいというので、論争ははじまったのである。

論争自体は、新井白石《あらいはくせき》や本居宣長《もとおりのりなが》の時代からあったが、それにふたりの東西の帝国大学教授が、あらためて脚光を当てた形となった。

少し立ち入ってみておくと、まず白鳥は、最後の点線部に注目した。「帯方郡」から「女王国」までの距離の総和が一万二〇〇〇里だというのである。ならば、その一万二〇〇〇里から、里数のわかっている「帯方郡」から「不弥国」までの距離を引いてやれば、「不弥国」から「邪馬台国」までの距離が出る。それは、わずか千数里弱しかないのである。

それを「魏志倭人伝」の筆者は、「水行二十日」+「水行十日」+「陸行一月」だとしているのである。それは、明らかに誇張ではないか。そもそもそこだけ里数で記されていないのはおかしい。ならば「投馬国」も「邪馬台国」も、「不弥国」から一五〇〇里以内にあるはずである。だからというので、彼は九州説を唱えたのである。

それに対して、内藤はほぼ常識にしたがって畿内説を唱えた。論争の詳細については、拙著『「邪馬台国」と日本人』を参考にしてほしい。

一見、他愛もない、好事家でなければ、どちらでもよいように思える論争である。

論争の政治的目的

しかしこの論争は、日本人の歴史観の歴史を考えるとき、きわめて重要な論争であった。それは、あえて九州説を唱え、死の床につくまで九州説に固執した白鳥の意図をみるときにわかる。東洋史研究者でありながら、彼があえて邪馬台国論争に踏み込み、九州説を唱えたのは、「魏志倭人伝」の記述に、次の部分（二重傍線部）を見つけたからであった。

女王国より以北、その戸数・道里は得て略載すべきも、その余の旁国は遠絶にして得て詳かにすべからず。

これを彼は、次のように読んだ。

「魏志倭人伝」行路記事を読むときの原則として、「南」は「東」と読む。それを前提にすれば、「以北」は「以西」になる。邪馬台国以西の国々については、「戸数・道里」を「略載」することもできるが、それ以東の国々については「遠絶にして得て詳かにすべからず」と書いてあるのである。

ということは、三世紀前半の段階で、中国文明の影響の及んでいたのは「邪馬台国」まででアり、それ以東には及んでいなかったということになる、と読んだのである。

ならば、「邪馬台国」が九州にあるのと大和にあるのとでは、日本の歴史の見方に根本的な違いが出てくる。もし九州にあれば、三世紀の段階で、中国文明の影響の及んでいたのは未だ九州までであり、畿内を含め日本列島の大半は、その影響を免れていたことになる。

しかし畿内にあれば、三世紀の段階で、日本列島の中心部、したがってその大半が、すでに中国文明の影響下にあったということになる。だから白鳥は、九州説を唱えたのである。

では、それはなぜか。彼にとって語らなくてはならなかったのは、日本文化の固有性であったからである。長く中国文明の影響下にありながら、なおそれに同化されることなく固有性を保ちつづけた日本文化の特異性の由来の解明、それを東洋史の側から解くこと、それがそもそも彼の東洋史研究全体の課題であった。

そしてそれを語るためには、日本文化の形成期に、中国文明の影響を受けることなく純粋培養的にその形成がなされた、長期にわたる孤立の確認こそ必要だと、彼は考えた。だから前述の記述と出合ったとき、彼は一も二もなく邪馬台国論争に飛び込んだのである。九州説を唱えることが、その孤立の確認につながると思ったからであった。

白鳥が九州説を唱えた背景には、日本文化の固有性、その非中国性を、語らんとする強烈な政治的意図が働いていた。その政治的意図が、論争を引き起こしたのである。

当然受けて立った側の内藤湖南にも、政治的意図はあった。彼は逆に、日本文化を中国文明の一部ととらえる大アジア主義を唱えるために、畿内説を唱えたのである。

内藤湖南といえば、大正一〇年（一九二一）に行った「応仁の乱に就《つ》いて」という講演が有名だが、その時の湖南の主張は、「応仁の乱以前の日本史など学ぶ必要なし」であった。そんなものは、所詮は中国文明圏の片隅に存在したひとつの田舎文化にすぎない、というのが湖南の主張で、応仁の乱時に誕生した八代将軍足利義政の東山《ひがしやま》山荘（銀閣）を中心に展開した東山文化こそが、史上はじめて誕生した日本の固有文化だというのが、湖南の主張であった。

以上、邪馬台国論争とは、単なる邪馬台国の位置論争ではなかった。好事家が好むタイプの論争ではなかった。深部において、日本文化を中華文明の一部とみるか、固有の文化とみるかの論争であった。この国の歴史観、文化観を左右する論争だったのである。

日本ナショナリズムの確立

そして論争の勝者は、当然のこととしては白鳥であった。九州説が勝ちを占めたのである。

大正時代も後半になると、事実認識のレベルでは、圧倒的に畿内説が優位に立っていた。笠井《かさい》新也《しんや》の日本海経由説が登場したからである。笠井新也というのは、大正一一年三月の『考古学雑誌』に「邪馬台国は大和である」という論文を発表し、いちやく有名になった徳島県の中学校教師である。その彼が、「魏志倭人伝」行路記事の問題の箇所を、日本海経由で読み解く方法を発見したのである。

「不弥国」から「水行二十日」で到達するのは出雲、そこからさらに「水行十日」で到達するのは若狭湾岸といった読み方を、である。ならば、若狭湾岸から「大和」まで、「陸行一月」はけっして過大ではなくなる。そもそも論争の発端となった「南、投馬国に至る水行二十日。……南、邪馬壱国に至る、女王の都する所、水行十日陸行一月」との記事の不可解さが消えてなくなってしまうのである。

論争の前提を解消させてしまうことができるのであるから、それは圧倒的に説得力のある学説であった。この笠井説の登場により、事実認識のレベルにおいては、圧倒的に畿内説が優位に立ったはずであった。

しかし実際には、笠井説のほうが忘れ去られてしまったのである。今、笠井説を知る人は少ない。学界における九州説の影響力が、いかに大きかったかがわかる。論争の勝者は明らかであった。白鳥であり、九州説だったのである。

そして、それは当然であった。一九一〇年代の日本は、国家＝利益共同体説に立脚した民族国家になろうとしていたのである。そのためには、日本文化の普遍性ではなく、固有性こそ証明しなくてはならなかった。その証明には、内藤説よりも白鳥説のほうが、優れていたからであった。

しかし考えてみれば、白鳥説は、誰がみても若干説得力に欠ける説であった。魏の使者が「女王国より以北、その戸数・道里は得て略記すべきも、その余の旁国は遠絶にして得て詳かにすべからず」と述べたことを、中国文明の影響が「邪馬台国」以東には未だ届いていないことの証《あかし》と強引に読み替えて、はじめて成り立つ説だったからである。「邪馬台国」以東が魏使の認識の外にあったということと、中国文明がそこまで届いていないということは、よく考えてみれば、まったく別のことだったからであった。

津田史学の確立

ならば、より説得力のある日本文化＝固有文化論を構築する必要があった。そしてその必要にみごとに応えたのが、じつは白鳥の愛弟子、津田左右吉《つだそうきち》だったのである。

彼は大正二年に『神代史の新しい研究』を出して、次のような論理を展開した。

日本列島は絶海の孤島である。したがって、列島社会は、長く大陸の交通から遮断されてきた。

津田左右吉（1873〜1961）　静岡県出身の日本史家で、古事記・日本書紀の史書としての信憑性に、根本的な疑問を投げつけたことで有名。

したがって、この国は発展が遅く、ほかの国々が文明の段階に突入したのちも、長く未開にとどまっていた。

そこに、四世紀、五世紀になって、突然、中国文明が流れ込んできたのである。なにが起きたか。誰もそれを理解することができなかった。なにせ列島の住人は、ことごとく未開人だったのである。すでに高度な文明の域に達していた中国文明に突然接しても、それを理解するだけの能力を持ち合わせていなかったからであった。

当然、猿真似《さるまね》はした。中央（平城《へいじょう》京や平安《へいあん》京）の貴族たちが享受し、つくり上げた文化は、大半がこの猿真似文化であった。その最たるものが、『古事記』『日本書紀』だった。歴史書とはなにか、なんのために書くのかを、まったく理解することのできなかった人びとが、ひたすら中国文献のパッチワークを重ねつくり上げた潤色《じゅんしょく》だらけの歴史書が、『古事記』『日本書紀』であった。およそ歴史書として信をおくべき代物ではない。

流入した中国文化は、結局この国の表層を流れ、消えていくしかなかった。では、日本文化はどこから生まれたか。その流れ込んできた中国文明の影響などまったく受けなかった地域と人びとを土台に、そうとう遅くになって生まれた。地方の武士や庶民の世界から、鎌倉時代ぐらいになってようやく生まれた。

津田は概要、かかる議論を展開したのである。当然彼の目的も、日本文化の固有性の証明であった。彼は戦後になってからも、みずからの学問を次のように語っていた。戦前、戦後を一貫していた。

（私の考えは）日本の文化は、日本の民族生活の独自なる歴史的展開によって、独自に形づくられたものであり、従ってシナの文明とはまったく違ったものである、ということ、日本とシナとは、別々の歴史をもち別々の文化なり文明なりをもっている、別々の世界であって、この二つを含むものとしての、一つの東洋という世界は成りたっていず、一つの東洋文化東洋文明というものは無い、ということ、日本は、過去においては、文化財としてシナの文物を多くとり入れたけれども、決してシナの文明の世界につつみこまれたのではない、ということ、シナからとり入れた文物が日本の文化の発達に大なるはたらきをしたことは明かであるが、一面ではまた、それを妨げそれをゆがめる力ともなった、ということ、それにもかかわらず、日本人は日本人としての独自の生活を発展させ、独自の文化を創造して来た、ということ、日本の過去の知識人の知識としては、シナ思想が重んぜられたけれども、それは日本人の実生活とははるかにかけはなれたものであり、直接には実生活の上にははたらいていない、ということである。

（津田左右吉『歴史学と歴史教育』に収録するにあたって『支那思想と日本』に付した「まへがき」）

日本文化の固有性を説明するのに、もうこれ以上はないといっていいほど、みごとな議論であった。

この議論が成り立つかぎり、何時いかなる時に、中国文明の流入があろうと、それは完全に無視することができるからである。日本文化がその影響を受けない原因を、日本の側の未開性に還元して説明しているのである。この議論が成り立つかぎり、日本文化は中国文明の影響を受けようがないからである。

日本文化の固有性を語る試みは、津田史学をもって完成したというべきだろう。白鳥の邪馬台国九州説などは、所詮はそれが生み出されるための通過点に過ぎなかった。

国体の危機へ

しかし、津田史学の誕生は、この国の立憲政にとって大きな衝撃となった。それが成り立てば、鎌倉時代以来、北畠親房《きたばたけちかふさ》や荻生徂徠《おぎゅうそらい》や本居宣長や藤田幽谷《ゆうこく》ら、この国の「歴史家」たちが営々と築き上げてきた歴史解釈が、いっさい成り立たなくなってしまうからであった。『古事記』『日本書紀』が、事実上偽書《ぎしょ》の列に入れられてしまい、歴史解釈に拠り所がなくなってしまうからであった。その結果、天皇をいかなる意味でも、国民（輿論）代表として正当化する術がなくなってしまうからであった。

そこで思い出してほしい。この国の立憲政は、大日本帝国憲法が欽定《きんてい》であったこと、そしてその憲法の制定者である天皇が、二重の意味で死者の輿論の体現者であったことによって、その正当性が保障されていたということを。

ちなみに、その二重の意味とは、ひとつはこの世（幽冥界）にとどまるすべての死者を祭り、死者と語らう主体であるという意味において、今ひとつは万世一系の統を継ぐことによって、それを覆そうとすればいつでも覆せたのにもかかわらず誰もそれを覆そうとしなかった、代々の国民の輿論のトータルな体現者になっているという意味においてであった。

記紀の偽書化というのは、その立憲政を成り立たせている言説の体系を、すべてご破算にすることを意味した。そうなれば、立憲政体を死者の輿論に基づくものではなく、単なる統治システムに変えてしまうことになる。それは、立憲国家日本にとっては危機を意味した。まさに国体の危機を意味したのである。

日本を利益共同体＝民族国家たらしめようとすれば、津田史学的歴史観の選択は不可欠であった。しかし、その選択は、立憲政を台無しにしてしまいかねない選択であった。それは矛盾であった。

しかも重要なことは、津田的歴史観は、突然出てきた歴史観ではなかったということであった。明治二五年に起きた、帝国大学教授久米邦武《くめくにたけ》がその職を追われるきっかけとなった久米邦武筆禍事件の原因となった久米の論文は、「神道は祭天の古俗」と題する論文——当初『史学会雑誌』に掲載され、のちに田口卯吉《うきち》が主催する『史海』に転載された——であったが、その意図するところは、神道をどこの社会にもある未開の「古俗」と見なすことであった。

日本の歴史の起点にわざわざ未開を設定する発想は、この時すでに生まれていた。その延長上に、津田史学は生まれたのである。

津田史学は、けっして孤立した独立峰ではなかった。その分だけ矛盾は深刻であった。そして気になるのは、白鳥庫吉が邪馬台国九州説を唱え、津田史学的日本文化論の登場に道を開いた、まさにその時（明治四三年）に、天皇暗殺未遂事件＝大逆事件が起きたということであった。はたしてそれは偶然だったのだろうか。

社会主義の勃興と民本主義の破綻

「労働者階級」の出現

次いで二つ目の矛盾は、福沢諭吉《ゆきち》が国家＝利益共同体説に立ったことを宣言した文章「瘠我慢《やせがまん》の説」の引用部分（172ページ）のあとを、次のように続けていることとかかわる。

哲学の私情は立国の公道にして、この公道公徳の公認せらるるは啻《ただ》に一国において然るのみならず、その国中に幾多の小区域あるときは、毎区必ず特色の利害に制せられ、外に対するの私を以て内のためにするの公道と認めざるはなし。

（福沢諭吉「瘠我慢の説」）

国家が、人一般の利益を図る「天然の公道」ではなく、一部の人びとの利益のために他人を犠牲にすることも憚《はばか》らない「哲学の私情」に出た単なる利益共同体であるとすれば、当然のこととして、国家の内部にも多数の利益共同体が生まれる。そして人びとが、国家への忠誠よりも、その小さな利益共同体への忠誠を優先させたとしても、それが否定できなくなってしまうという矛盾であった。下手をすれば、国家の統一が保てなくなってしまう矛盾であった。

そして事をより深刻にしたのは、「労働者階級」という名の利益共同体が出現したことであった。「労働者階級」は、次の二点において、地理上の「小区域」とは違っていた。

一つは、いかなる社会にも、国家であれ、地方であれ、企業であれ、その内部社会として存在し、その社会を分裂に追いやる力をもった点においてであった。そしてもう一つは、競争によるみずからの価値の減価を防ぐために、競争的環境を抑制すべく、ともすれば社会横断的な連帯を生み出そうとする傾向がある点においてであった。しかもその連帯は、国境さえ越えることがしばしばであった。その出現は、国家にとってまことに驚嘆すべき脅威であった。

しかも、さらに深刻だったのは、利益共同体たる民族国家＝有機体国家には、その「労働者階級」の台頭を原理的に抑制する術が備わっていなかったことであった。加藤弘之《ひろゆき》の社会有機体説を検討した際にみたように、有機体国家は、社会的弱者の生存権要求を、むしろ権利として保護する構造をもっていたからであった。保護しながら抑圧するのは、至難の業《わざ》であった。「労働者階級」の脅威に対して、利益共同体的、有機体的民族国家は、当面はなす術もなく立ちつくすしかなかったのである。それはまさに矛盾であった。

社会主義者の誕生

では、「労働者階級」の台頭を前にしたとき、民族国家には、まったくなす術がなかったのだろうか。それはまったくではなかった。それは、「労働者階級」もまた、イタリア中世自治都市の市民同様、自治によって「階級」——と呼べるような集団、たとえば労働組合——をつくり上げる力はなかったということとかかわる。

「階級」をつくり上げるには、代行する知識人たちの活動が不可欠だった。「労働者階級」には、政治活動を行う余暇がなかったからであり、なけなしの賃金を割いて自分たちのために働いてくれる知識人を養うしか、みずからを「階級」として結晶させる方法をもたなかったからであった。

その知識人たちが、社会主義者たちであった。彼らは、官僚や代議士といった国家エリートたちと同類・同根の人間たちだった。一九二〇年代、東京帝国大学に学生運動団体である新人会が生まれ、それが多くの社会運動への人材の供給源になったことなどを考えるとわかる。

ならば、彼らを、社会主義政党——たとえばイギリスにおける労働党やドイツにおける社会民主党（ＳＰＤ）——を容認するといった方法で、体制内に取り込むことができれば、「労働者階級」の脅威は、そうとうに軽減することができるはずであった。だから民族国家にもなす術はあった。

事実、社会主義者たちは、社会的中間層としてのみずからの前衛的役割の強調に余念がなかった。たとえば日本社会主義の草分けのひとり幸徳秋水《こうとくしゅうすい》は、一方で社会主義の必要を説きながら、他方では次のように生存競争の必要を説いていた。

古来人間の気力奮揚し、智能練磨し、人格向上することを得る所以《ゆえん》は、実に生存の競争あるがためにあらずや。もし万人衣食の慮《おもんばか》るべきなく、富貴の進取すべきなく、賢愚強弱皆な平等の生活に安んぜざるべからずと為《な》さば、何物かまた吾人《ごじん》の競争を鼓舞せんや。競争なきの社会には即ち勤勉なけん、勤勉なきの社会には、即ち活動進歩なけん、活動進歩なきの社会は、即ち停滞、堕落、腐敗あるのみ。社会主義実行の効果は、ただ如此《かくのごと》きに止まらざる乎《か》と。

（幸徳秋水『社会主義神髄』）

「人物が多く富貴の家に生ぜざると同時に、極貧者の中に出づること、また甚だ稀《まれ》」「高尚なる品性と偉大の事業とは、決して社会貧富の両極端に在らずして、常に中間の一階級より生ずる」（『社会主義神髄』）と言わんがためであった。

「労働者階級」の福祉の充実とともに、「中間の一階級」たるみずからの役割を強調することが、幸徳にとっての社会主義だったことがわかる。

そして、こうした社会主義者たちのエトスを信頼し、彼らを体制内に取り込もうとしたのが、民本《みんぽん》主義だったのである。

民本主義と社会主義

吉野《よしの》作造《さくぞう》の民本主義実現に向けて、「従来の国家の待遇殊寵《しゅちょう》を受けて居ったその地位を利用し、常に一歩民衆に先んじ社会を指導し民衆の模範たるの実力を養う」「少数特権階級」の「謙遜《へりくだ》ってまた民衆の友となり民意の代表者となり」「社会組織の形式的関係においてはあくまで民衆の僕を以て」任じておきながら、実質においては「民衆の指導者となるべき天分」(「憲政の本義を説いて其有終の美を済すの途を論ず」)を発揮する能力に、すべての期待がかけられていたことは、すでに述べた通りである(196ページ)。

その「少数特権階級」こそ、社会主義者たちだったのである。

しかし、社会主義者たちを体制内に取り込もうとすると、ひとつ、乗り越えなくてはならないことがあった。それは、社会主義運動は、直接行動主義に傾きやすく、議会主義的になりにくい現実であった。「労働者階級」を構成する一人ひとりの労働者には、みずから政治活動を行う余暇がない。しかし、広く社会連帯を求める欲求はある。ならば、なにかを求めるとき、一過性の直接行動に走るのが、彼らの行動パターンになるからであった。

事実、日露戦争後の一〇年間は、日比谷焼き打ち事件（明治三八年〈一九〇五〉）をはじめ、下層社会に属する人びとの直接行動が、政治を動かす大きな原動力として作用した時代であった。

その常套的行動パターンから、社会主義者たちに抜け出してもらわないと、彼らを体制内に取り込み、「労働者階級」の「穏健化」を図ることはできなかったのである。

しかし、それは容易ではなかった。

たとえば、件《くだん》の幸徳でさえ明治三五年になると、早くも「その代表者は議会に入るを得

日比谷焼き打ち事件　ポーツマス講和条約の内容が、思いのほか日本側に有利でなかったことに憤った民衆が、講和反対を掲げ、暴徒化した。

ると同時に、全く政府の奴隷となってしまうのではないか」（「社会主義と直接立法」）と、「労働者階級」が、議会を通じてなにかを解決することの困難を説きはじめ、また次のように、国民投票型民主主義に言及していた。

> しからば如何《いか》にして真に国民参政の権利を実功あらしめ、如何にして政治の本義に一歩なりとも近づくべき歟《か》。この点において普通選挙は無論急要である、公平選挙法も無論急要である。しかも是《これ》では未《いま》だしで、彼等の参政権の実功は、やはりその投票を投ずる刹那に過ぎぬのである。ここにおいて百尺竿頭一歩を進めて国民の直接投票《レフエレンダム》、直接発議権《イニシエーチーヴ》を主張せざるを得ないのである。
>
> （幸徳秋水「社会主義と直接立法」）

そして、やがてより過激な直接行動主義に走り、最後は大逆事件に巻き込まれ、処刑されてしまったのである。

では、大逆事件後の一〇年にわたる社会主義「冬の時代」を経験したのちには、事態は多少なりとも改善したのか。その乗り越えは、第一次世界大戦後になっても、相変わらず容易ではなかった。それは、「労働者階級」や社会主義者たちの普通選挙要求運動（普選運動）への無関心と

幸徳秋水（1871〜1911）　高知県出身のジャーナリストであり、明治期を代表する社会主義者。日露戦争を前に、『平民新聞』により非戦論を展開した。前列中央が幸徳。前列左端が安部磯雄、後列中央は木下尚江。

なって現れた。大正九年（一九二〇）に、原敬《はらたかし》内閣が選挙制度の改革を行いながら、普通選挙要求にだけは応えなかったその時までは、それでも彼らは普選運動に取り組んだ。

しかし、それから以後、彼らは急速に議会主義に背を向けるようになり、直接行動主義に走っていったのである。

そして、ギルドソーシャリズムからサンジカリズムへ、サンジカリズムからアナーキズム（無政府主義）へと、さまざまな直接行動主義を短期間のうちに渡り歩きながら、最後は、ホルシェビズム（共産主義）へと収斂していったのである。当然、ロシア革命の影響があった。

そうしたなかで、民本主義者たちも理想を求め、悪戦苦闘した。大正一三年に、超然内閣の打倒と普通選挙の実現を掲げて第二次護憲運動に取り組み、翌一四年には普通選挙の実現に成功。第一回普通選挙に向けて、議会主義的社会主義者の結集を図った。友愛会の流れをくむ当時唯一の労働組合のナショナルセンターである労働総同盟から、共産主義者たちを追い出し、大正一五年には社会民衆党の結成にこぎつけた。

しかし、昭和三年（一九二八）に、田中義一《ぎいち》内閣のもとで行われた第一回普通選挙では惨敗、社会民衆党は四議席（安部《あべ》磯雄《いそお》・西尾《にしお》末広《すえひろ》・鈴木《すずき》文治《ぶんじ》・亀井《かめい》貫一郎《かんいちろう》）にとどまってしまったのである。労働農民党（左派）、日本労農党（中間派）を合わせても、無産政党全体でわずか八議席に終わってしまった。

当面、「労働者階級」の体制内化の試みは失敗に終わったのである。しかし、その試みはあとで述べるように、戦中から戦後にかけて引き継がれていったのである。

民族自決権の確立に向けて

国益相克の時代

そして、三つ目の矛盾。国家＝利益共同体説に立ち、他国との進化論的競争のなかに国家意思を見出すという方法は、たとえその競争があっても、破局的な戦争に結びつかない保障があってはじめて使える方法であった。加藤弘之《ひろゆき》が、『人権新説』の最後を世界連邦構想で締めくくっていたのも、そのことを自覚するがゆえであった。

では、いずれも国家＝利益共同体説に立った国家群の関係を調整し、破局的戦争（世界戦争）を回避するためには、いったいどうすればよかったのか。

世界は早くも一八九〇年代には、その課題について真剣に考えはじめていた。一八九三年、アメリカのシカゴで、コロンブスの「新大陸」発見四〇〇年を記念して開かれた万国博覧会のテーマは、世界戦争の回避であった。

世界がようやくキリスト教至上主義から抜け出し、宗教的、文化的多様性の承認の方向に重たい一歩を踏み出したのも、この万国博覧会の時だった。インドの宗教家ヴィ・ヴェ・カーナンダーの、万博企画の一環として開かれた世界宗教会議での呼びかけが、功を奏した。

では、どうすればよかったか。民族自決権の相互承認システムをつくり上げること、それが答えであった。国家＝利益共同体説に立脚する国家とは、民族国家のことであった。それが、国益の追求はしても、相互に侵略し合わない体制をつくることが、世界中が国家＝利益共同体説に立脚しながら、世界戦争の危機を回避する唯一の方法だったからである。

ただそのシステムの確立は、けっして容易なことではなかった。一八九二年九月、スイスのジュネーブで開かれた「万国公法会」――南北戦争と普仏戦争を機に一八七三年に創設された国際学会――に日本政府代表として参加した金子堅太郎《けんたろう》は、その会の趣旨を「強国は数多《あまた》の小国を征服合併し、之《これ》をして文明の域に達せしむるの天職即ち天賦の職権を有するものなりとの説に基く」植民地主義に肯定的な国際秩序を、「弱国」といえども「天然賦与せられたる固有の国権」（「伊太利ト国際公法トノ関係」〔明治二五〈一八九二〉〕）に訴えれば、独立を保つことのできる民族自決主義的な国際秩序に切り替えていく点にある、と適確に捉えていた。

しかし、その理想が、列強と呼ばれる大国（植民地帝国）の抵抗を排除することなしに実現の期しがたいことも、また見抜いていたのである。

パクスアメリカーナの誕生

しかし、逆に言えば、それはしかるべき大国の後《うし》ろ楯《だて》があれば、実現しうるシステムでもあった。では、そのようなシステムの確立をバックアップする大国など存在したのだろうか。一国だけ存在した。それがアメリカ合衆国であった。

アメリカは、一八九〇年に西部開拓を終えてようやく太平洋に進出し、フロンティアの消滅を宣言して以来、終始一貫、アジアに対して、民族自決権の擁護国として振る舞った。日清戦争後、まさに列強による勢力分割の危機にさらされていた中国（清《しん》国）に対して、「門戸開放」「機会均等」の原則の適応を訴えたのが、その皮切りであった。

そして第一次世界大戦終結時には、周知のように、大統領の名において「ウィルソンの一四箇条」を世界に提起し、大戦中に獲得した超大国としての威信を背景に、民族自決の原則を真の国際ルールにしようと努力したのである。それがオーストリア・ハンガリー帝国の解体、ユーゴスラビアやハンガリーなど多くの東欧諸国の独立のきっかけになったことは、周知の事実である。

そしてそのアメリカの振る舞いは、日本にとってきわめて重要であった。なぜならば、日本が日清戦争を前に、幕末に押し付けられた不平等条約の改正、治外法権の撤廃に成功し、独立を達成することができたのは、じつはこのアメリカの振る舞いがあったからであった。

鹿鳴館　明治16年に完成した我が国最初の本格的迎賓館。井上馨外相がここを舞台に、条約改正のため、頻繁に外国使節を招いた舞踏会を開催したことは有名。

アジアをイギリスが支配しているとき、すなわち「パクスブリタニカ」の時代、「強国は数多《あまた》の小国を征服合併し、之《これ》をして文明の域に達せしめむるの天職即ち天賦の職権を有するものなりとの説に基く」植民地主義的国際秩序の支配するなかで、日本は容易に不平等条約の改正を実現することができなかった。

列強から突きつけられる治外法権撤廃の条件は、つねに日本が文明国としての実質をもっているかどうかだったからであった。

鹿鳴館《ろくめいかん》外交の展開など、井上馨《いのうえかおる》や大隈重信《おおくましげのぶ》ら歴代外務大臣の血の滲むような努力にもかかわらず、日本が列強から、法が整備され、人権保障の行き届いた一流の文明国と見なされることは、ついになかったからであった。

日本とパクスアメリカーナ

しかし明治二五年、第二次伊藤博文内閣の外務大臣に陸奥宗光《むつむねみつ》が就任するころになると、状況に変化が起きた。「パクスブリタニカ」がようやく陰りをみせはじめ、代わって「パクスアメリカーナ」の台頭がはじまったからであった。

そして、そのみずからを取り巻く環境の変化を機敏に捉えたのが、陸奥宗光であった。だから、明治二七年、治外法権撤廃のための日英通商航海条約締結交渉において、陸奥外相は従来の外務大臣では考えられない行動に出た。

イギリスが治外法権の撤廃に応じる代わりに、法典実施の担保と居留地撤廃の代替措置を求めてきたのに対して、「この二項にしてまず彼を満足せしむざる限りは、談判を開始するも無用なり」（『蹇蹇録《けんけんろく》』）との、駐英公使青木周蔵《あおきしゅうぞう》の忠告があったにもかかわらず、いっさい応じようとしなかったのである。無条件治外法権撤廃を求めつづけたのである。

英国政府は、日本政府が従来の懸案たる条約改正に対し、根本的非常の変改を加えたる新条約を提出するを見て、始めのほどは容易にこれを聴納せざるごとく見えしも、我が政府の堅く執りて動かざると青木公使の周旋その宜《よろ》しきを得たるとにより、遂に新約案を基礎とし再び会商を開くことを肯《がえ》んずるに至れり……。

（睦奥宗光『蹇蹇録』）

とのちに回顧しているが、首尾一貫、彼は強硬姿勢を貫いたのである。

では、なぜ彼は、井上や大隈のできなかった、その強硬姿勢を貫くことができたのか。答えは簡単であった。もしイギリスが交渉に応じなければ、アメリカとの通商航海条約締結を先行させるとの決意を固めていたからである。

だから逆に、彼は、日清開戦中に起きた日本軍による旅順口《りよじゆんこう》虐殺事件の報道が世界を駆け巡ったとき、次のような理由でその処理を急がせたのである。

米国は我が国に対し最も好意を懐《いだ》くの一国なり。従来条約改正の事業の如きも他の各国において許多《あまた》の異議ある時にも、独《ひと》り米国のみは毎《つね》に我が請求をなるだけ寛容せんことを努めたり。特に明治二十七年、華盛頓《ワシントン》において彼我両国の全権委員が条約改正の会商を開始せし以来、何ら重大なる故障もなく着々その歩を進め、遂に同年十一月二十二日を以て調印するを得たり。しかるに彼の国の憲法に拠り総《すべ》て外国条約は元老院（上院）の協賛を待つべき規定なるを以て、米国政府はこの新条約を元老院に送附したり。その後いくほどもなく、不幸にも彼の旅順口虐殺事件《りよじゆんこう》という一報が世界の新聞紙上に上るに至れり。何事にも輿論の向背を視《み》て進退するに敏速なる米国の政治家は、かかる驚愕すべき一報を新聞にて閲読し決して対岸の火災として坐視する能《あた》わず、元老院はやや日米条約を協賛するに逡巡したり。（『蹇蹇録』）

アメリカの輿論の動向には、細心の注意を払っていたのである。

また、日清講和に際しても同じ態度をとった。明治二七年一〇月二三日、イギリスから講和仲介の申し出があったとき、

帝国政府は、英国皇帝陛下の政府をして日清戦争の息止《そくし》に関し問議を発せしむるに至りたる友誼《ゆうぎ》は十分感謝する所なり。今日に至るまで戦争の勝利は常に日本軍に伴えり。しかれども帝国政府は、今日事態の進歩を以てなおいまだ談判上満足なる結果を保証するに足らずと思考す。よって帝国政府が戦争を息止する条件に関し公然意嚮《いこう》を発表することは、姑《しばら》くこれを他日に譲らざるを得ずと認む。（『蹇蹇録』）

と、その申し出を丁重に断っている。

しかし、それからわずか二週間後の一一月六日、今度は「新世界の中央に建国して常に社会一般の平和を希望する外、決して他国の利害に干渉せざる政綱を主持する米国」から「友誼的仲裁」の申し出があると、二週間前とほぼ同じ状況判断に立ちながら、

されば迚日清の戦争は無期限に継続すべきものに非ず。早晩講和開談の機熟する時節来るに及び、あえて第三国の儼然《げんぜん》たる仲介を必要せざれども、いずれの一国が居中周旋の労を執り、特に彼我の意見を互換すべき一機関と成る者あるはすこぶる便利なるべく、而《しか》してこの機関を託するは米国より善きはなしと思い……。

（『蹇蹇録』）

と、いとも簡単にその仲介を受け入れてしまっているのである。

以上、日清戦争を前にして日本がようやく治外法権の撤廃に成功し、完全な独立国になりえたのは、明らかに東アジアにおけるアメリカのプレゼンスの増大があったからであった。当然その独立の仕方も、アメリカがつくり上げようとしていた世界秩序に影響され、文明国としての独立ではなく、民族の実在を背景とした民族自決権に基づく独立に変化していた。

欧米列強と対等の国になることが目的だったはずの条約改正要求が、日清戦争直前になると、

いつの間にか欧米人を居留地に閉じ込め、清国人労働者の流入を阻止しようとする内地雑居反対要求に変わり、それが政府の条約改正交渉を厳しく規制していたことなどをみると、そのことがわかる。日本人共同体の利益を排他的に守る、きわめて民族主義的色彩の強い要求に変化していたのである。

陸奥宗光（1844～97） 紀州藩出身の外交官。第二次伊藤内閣の外相として、条約改正と、日清戦争の開戦・指導に辣腕をふるった。

また、この国がいち早く契約論的国家観を捨て、みてきたように、国家＝利益団体説的な、有機体説的な国家観を選択することができたのも、その独立の仕方の変化があったからであった。当然日本には、アジアのリーダーとして、アメリカとともに民族自決権的世界秩序の形成に取り組む、先導者的役割を果たす国家になることが、アメリカから期待された。

独立の代償

しかし、アメリカの庇護のもと、アメリカの考える国家独立の条件——民族自決権の前提となる民族の実在――を満たすことで独立国になり、その大きな期待をアメリカから受けたことは、じつは日本にとって、悲劇のはじまりであった。

まず第一は、その結果、思わざることに、ロシアと干戈《かんか》を交えざるをえなくなってしまったからであった。日清戦争後、ロシアは満州に侵攻し、満州を事実上占領したが、中国に対して「門戸開放」「機会均等」の原則を掲げるアメリカは、それに激しく反発、ロシアの満州からの追い出しを図った。そして日本にも同調を呼びかけてきた。

しかし、その呼びかけへの同調は、日本にとっては悲劇であった。日本はその結果、満州はロシア、韓国は日本という、満韓交換を条件にロシアと妥協する条件を失い、心ならずも国運をかけた日露戦争へと突入せざるをえなくなってしまったからであった。満州は中国の領土という条件がついてまわるのだから、仕方がなかった。他国の領土を領土取引の材料に使うのは、さすがの小《こ》村《むら》寿《じゅ》太《た》郎《ろう》外務大臣でも憚《はばか》られたのである。

アメリカに同調してしまったばかりに、日本はロシアに対して、一方的に満州支配の放棄と、みずからの朝鮮支配の容認を求めるしかなくなり、「『満韓交換論』とはいっても、満州はロシア、韓国は日本というぐあいに分けようというのではなく、韓国は日本のものにし、ロシアの満州に対する支配力をできるだけ抑えつけようという」（古屋哲夫『日露戦争』）きわめて曖昧なことしか言えなくなってしまったのである。

しかし、それでは戦争に突入するしかなかった。それは悲劇的であった。そして第二は、日露戦争が終わると、今度は満州の支配権をめぐって、アメリカとの長く厳しい対立に入っていかざるをえなくなったからであった。たとえアメリカとイギリスの支援のもと、なかばその代理戦争として日露戦争を戦ったとはいえ、満州に一〇万人の将兵の血を流した日本は、戦後、満州の権益をそうやすやすと放棄するわけには、いかなくなってしまっていた。

アメリカの鉄道王ハリマンが、東清鉄道南満支線の共同経営を申し出てきても、それを受け入れるわけにはいかなかった。南満州鉄道株式会社（満鉄）を組織し、排他的に経営するしかなくなっていた。しかし、そのことは、そもそもロシアの満州占領を悪として否定した「門戸開放」「機会均等」の原則に、今度は日本が抵触することを意味した。そして、それは「大東亜戦争」開戦につながる、アメリカとの抜き差しならない対立のはじまりとなったのである。

夏目《なつめ》漱石《そうせき》が『三四郎』で、帝大に入学すべく熊本から上京途中の三四郎と、車中で出会った「髭《ひげ》の男」との対話を次のように描いたことは有名だが、この漱石の亡国への憂いは、じつは日露戦後の現実の投影であった。

「どうも西洋人は美しいですね」といった。

三四郎は別段の答も出ないのでただはあと受けて笑っていた。すると髭《ひげ》の男は、

「御互は憐れだなあ」といい出した。「こんな顔をして、こんなに弱っていては、いくら日露戦争に勝って、一等国になっても駄目ですね。尤《もっと》も建物を見ても、庭園を見ても、いずれも顔相応の所だが、――あなたは東京が始めてなら、まだ富士山を見た事がないでしょう。今に見えるから御覧なさい。あれが日本一の名物だ。あれより外《ほか》に自慢するものは何もない。ところがその富士山は天然自然に昔からあったものなんだから仕方がない。我々が拵《こしら》えたものじゃない」といってまたにやにや笑っている。三四郎は日露戦争以後こんな人間に出逢うとは思いも寄らなかった。どうも日本人じゃないような気がする。

「しかしこれからは日本も段々発展するでしょう」と弁護した。すると、かの男は、すましたもので、

「亡《ほろ》びるね」といった。――熊本でこんなことを口に出せば、すぐ擲《な》ぐられる。わるくすると国賊取扱《こくぞくとりあつかい》にされる。三四郎は頭の中のどこの隅《すみ》にもこういう思想を入れる余裕はないような空気の裡《うち》で生長した。だからことによると自分の年齢《とし》の若いのに乗じて、他《ひと》を愚弄《ぐろう》するのではなかろうかとも考えた。男は例の如くにやにや笑っている。そのくせ言葉つきはどこ

までも落ち付いている。どうも見当が付かないから、相手になるのをやめて黙ってしまった。するとり男が、こういった。

「熊本より東京は広い。東京より日本は広い。日本より……」でちょっと切ったが、三四郎の顔を見ると耳を傾けている。

「日本より頭の中の方が広いでしょう」といった。「囚《とら》われちゃ駄目だ。いくら日本のためを思ったって贔屓《ひいき》の引倒《ひきだお》しになるばかりだ」

この言葉を聞いた時、三四郎は真実に熊本を出たような心持がした。同時に熊本にいた時の自分は非常に卑怯《ひきょう》であったと悟った。

その晩三四郎は東京に着いた。

（夏目漱石『三四郎』）

日本が「天然の公道」に立った文明国としてではなく、「哲学の私情」に立った民族国家として独立を遂げ、成長していくうえで、早い段階での「パクスアメリカーナ」に包摂《ほうせつ》されたことは、決定的な意味をもった。それがなければ、もし「パクスブリタニカ」がもっと長く東アジアを覆っていたら、日本の独立は、さらに困難を極めただろう。

しかし、そのことが、日本が中国で長く「侵略者」としての位置を占め、やがてアメリカとの破滅的な戦争を戦わなくてはならなくなった原因になったとすれば、それは矛盾であった。国家＝利益共同体説への立脚は、かかる矛盾も生んだのである。

そして明治三八年以降、日本の軍事・外交は、この矛盾からの脱却に悪戦苦闘しなくてはならなかったのである。

第六章

二〇世紀型国家からの逃走

国家改造運動の発生

北一輝の国家改造論

なにかひとつの体制が危機に瀕したとき、かならず起こるのは「原点に返れ」の叫びだ。すでに述べてきたように、立憲政を補完するはずの政党政治や国家＝利益共同体説の選択は、第一次世界大戦後ともなると、その矛盾を、これでもかといわんばかりに露呈させるに至っていた。政党政治は金権・腐敗政治の温床となり、立憲政の誕生を支えた歴史観は崩壊し、アメリカの圧力と中国ナショナリズムの台頭の前に、満州特殊権益の維持さえ困難になりはじめていた。

そしてついに、それを「国難」として受け止め、警鐘を乱打する者が現れた。それが、軍部青年将校などを中心に引き起こされた国家改造運動であった。

では、それはいかなる運動だったのか。そこで、国家改造運動の理論的指導者と目された北一輝《きたいっき》の書いた「日本改造法案大綱」、あるいはその発展型としての「国家改造法案大綱」をみておきたいのだが、「日本改造法案大綱」のほうを掲げておくと、次のようなものであった。

巻一　国民ノ天皇

憲法停止。天皇ハ全日本国民ト共ニ国家改造ノ根基ヲ定メンガ為《ため》ニ天皇大権ノ発動ニヨリテ三年間憲法ヲ停止シ両院ヲ解散シ全国ニ戒厳令《かいげんれい》ヲ布《し》ク。

天皇の原義。天皇ハ国民ノ総代表タリ、国家ノ根柱タルノ原理主義ヲ明カニス。

此《こ》ノ理義ヲ明カニセンガ為ニ神武国祖ノ創業、明治大帝ノ革命ニ則《のっと》リテ宮中ノ一新ヲ図《はか》リ、現時ノ枢密《すうみつこ》顧問官其他《もんかん》ノ官吏ヲ罷免シ以《もっ》テ天皇ヲ補佐シ得《う》ベキ器ヲ広ク天下ニ求ム。

天皇ヲ補佐スベキ顧問院ヲ設ク。顧問院議員ハ天皇ニ任命セラレ其ノ人員ヲ五十名トス。

顧問院議員ハ内閣会議ノ決議及《および》議会ノ不信任決議ニ対シテ天皇ニ辞表ヲ捧呈スベシ。但《ただし》内閣及議会ニ対シテ責任ヲ負フモノニ非ズ。

華族制廃止。華族制ヲ廃止シ、天皇ト国民トヲ阻隔シ来《きた》レル藩屏《はんぺい》ヲ撤去シテ明治維新ノ精神ヲ明ニス。

貴族院ヲ廃止シテ審議院ヲ置キ衆議院ノ議決ヲ審議セシム。

審議院ハ一回ヲ限リトシテ衆議院ノ議決ヲ拒否スルヲ得。

審議院議員ハ各種ノ勲功者間ノ互選及勅選ニヨル。

普通選挙。二十五歳以上ノ男子ハ大日本国民タル権利ニ於テ平等普通ニ衆議院議員ノ被選挙権及ビ選挙権ヲ有ス。

地方自治会亦《もまた》之ニ同ジ。

女子ハ参政権ヲ有セズ。

国民自由ノ恢復《かいふく》。従来国民ノ自由ヲ拘束シテ憲法ノ精神ヲ毀損セル諸法律ヲ廃止ス。文官任用令。治安警察法。新聞紙条例。出版法等。

国家改造内閣。戒厳令施行中現時ノ各省ノ外ニ下掲ノ生産的各省ヲ設ケ更ニ無任所大臣数名ヲ置キテ改造内閣ヲ組織ス。

改造内閣員ハ従来ノ軍閥、吏閥、財閥、党閥ノ人々ヲ斥《しりぞ》ケテ全国ヨリ広ク偉器《いき》ヲ選ビテ此ノ任ニ当ラシム。各地方長官ヲ一律ニ罷免シ国家改造知事ヲ任命ス。選任ノ方針右ニ同ジ。

国家改造議会。戒厳令施行中普通選挙ニ依ル国家改造議会ヲ召集シ改造ヲ協議セシム。

国家改造議会ハ天皇ノ宣布《せんぷ》シタル国家改造ノ根本方針ヲ討議スルコトヲ得ズ。

巻二　私有財産限度

私有財産限度。日本国民一家ノ所持シ得ベキ財産限度ヲ壱百万円トス。（以下略）

巻三　土地処分三則

私有地限度。日本国民一家ノ所持シ得ベキ私有地限度ハ時価拾万円トス。（以下略）

巻四　大資本ノ国家統一

私人生産業限度。私人生産業ノ限度ヲ資本壱千万円トス。（以下略）

（北一輝「日本改造法案大綱」）

北一輝（1883〜1937）　新潟県佐渡出身の国家社会主義者。中国革命に深く関与し、その経験から第一次世界大戦後、国家改造運動に挺身。

ここで北が言わんとしていることは、次の四つである。

第一は、天皇は「全日本国民ト共ニ国家改造ノ根基ヲ定メ」る人であるがゆえに、逆に「大権」の発動により、「憲法ヲ停止シ両院ヲ解散シ全国ニ戒厳令ヲ布ク」権利を有するということ。

第二は、その天皇の権利の源泉は、ど

こまでも「天皇ハ国民ノ総代表タリ、国家ノ根柱タルノ原理主義」によること。けっして天皇が独裁者だからではないこと。

そして第三は、あらゆる改革は、「神武国祖ノ創業」に立ち返って行われた「明治大帝ノ革命」の精神にのっとり行われるべきこと。

みてきたように、「神武創業の始めに原《もとづ》」くという王政復古の精神は、「神武創業」以来この国を支えてきたすべての国民、すなわちすべての死者の輿論に基づくということを意味していた。あらゆる改革は、そのもっとも広くて深い輿論に基づいて行われなくてはならないということであった。

そして第四は、逆に輿論に基づかない組織や人、枢密院や貴族院や華族制度、およびそれらを構成する人びとは廃止し、天皇に任命され、天皇に対して責任を負う機関だけを残すこと。死者の輿論を代表する天皇と、生者の輿論を代表する衆議院が、直接相対峙《たいじ》する政治を実現すること。

以上の四つであった。それらを貧しき人の輿論に訴える国家社会主義として、実現しようとしたのである。巻二、巻三、巻四はそのための部分だが、当時、国家の公共性(反私性)を語るもっとも簡単な方法は社会主義を語ることだったため、挿入された。

これらは一見、きわめて乱暴な国家改造要求にもみえる。しかし要求していることは、よく考えてみると、立憲政・輿論政治の原点に立ち戻ることにすぎなかったのである。

復古原理主義の台頭

そこでもう一度確認しておきたいのは、この国における立憲政確立のプロセスである。

まずは、通常我われが輿論という、生者の輿論の上に、ルソーであれば「古い法律」といった、歴史的に積み上げられてきた死者の輿論をおき、その死者の輿論の下に、輿論機関としての自治とその自治の代行機関としての官僚制をおくところから、それははじまる。

次いで、イデオロギー的に死者をこの世に呼び戻してきたり、万世一系天皇が統を継いでいることを、長年積み上げられてきた死者の輿論の成果と捉えたりすることによって、死者の輿論に、この世における発言力を賦与し、その現代化を図る。

そして最後に、その現代化した死者の輿論——その体現者としての天皇——の命ずるところにしたがって憲法を制定し、生者の輿論が、立憲政という形式の力で、死者の輿論と同等の法に転化する仕組みを構築する。これが、我われがみてきた立憲政確立のプロセスであった。

ならば北が、「神武創業」以来の死者の輿論を体現する天皇と、今ここに生きている生者が直接相対峙する体制を構想したとして、それは、輿論政治の原点回帰以外の何物でもなかったのである。

もし運動を北に代表させていいのなら、国家改造運動は、まさに王政復古原理主義の発動であった。我われのみてきた政党政治や国家利益団体説といった立憲政の補完システムなど、設ける前の立憲政に戻れという運動であった。

当然かかる運動によって、当面する矛盾が打開できるわけではなかった。しかし、かかる原理主義的運動が起きること自体、立憲政の補完システムのもたらした矛盾の深刻さを示していた。

そして、それは解決されなくてはならなかったのである。

美濃部憲法学説の深化

ヴェーバー社会学の地平

さてここで、少し目を日本史の外に転じてみよう。

そこで私がいま気になっているのは、マックス・ヴェーバーの「権力の正当性論」をめぐり、最近、折原浩氏と水林彪氏によって提起された議論である。

ヴェーバーといえば、支配を正当的暴力の独占と定義し、その正当性のあり方を基準に、支配を合理的支配・伝統的支配・カリスマ的支配の三類型に分類したことで有名だが、その「正当性」という概念をめぐって、水林彪氏と折原浩氏（折原浩『マックス・ヴェーバーにとって社会学とは何か――歴史研究への基礎的予備学』）は、最近、ほぼ踵《きびす》を接する形で、次のような新解釈を提起するに至ったのである。ここでは紙数の関係で水林氏の指摘だけを引用するに止めるが。

……「支配の妥当」を究極において実現するものは、支配を権利に――そして、服従を法的義務に――することであること、そしてこれこそが「支配の Legitimität」問題なのであることを明言していることに留意したいと思うが、この箇所の論述で特に重要な点は、支配の問題を、人々の社会的行為の最も端緒的な形態から基礎づけたことである。すなわち、恵まれた人あるいは不遇の人を、人々が、「そうなるべくして（規範）、そのようになっている（規範の実現態としての現実）」というように考えるところの、日常生活においてごく普通に見受けられる「自己正当化（Selbstrechtfertigung）」現象を土壌として、その上に、「秩序の正当化」や「支配の正当化」現象が展開するのだということ、「支配のLegitimität」問題は、人々の社会的行為の「自己正当化」のもっとも強度な形態なのだということ、このような観察は、ウェーバーならではの大局的視座設定であり、「支配のLegitimität」論は、そのような広大な視界の中に位置づけられた理論なのであった。（水林彪「『支配のLegitimität』概念再考」）

誰しもヴェーバーの語る「正当性」とは、被支配者の支配への合意（同意）のことだと考えてきた。被支配者からの合意のない支配は不当な支配、合意のある支配は正当な支配、その意味での「正当性」だと考えてきた。それを彼らは、それが所詮は支配する者の側の「自己正当化」の謂《い》いにすぎないことを発見したのである。

画期的なヴェーバー解釈の変更である。そして事実としては、誰しもが認めざるをえない解釈の変更だと思う。

ただ問題は、ではなぜヴェーバーは、そのような「正当性」論を打ち立てたのかということである。古今東西の支配の実態を調査した結果、たまたまそうした事実を多数発見したから、そのような「正当性」論を展開したのだろうか。

私はそうは思わない。そう思うには、あまりに彼は政治的人格にすぎるからである。彼はドイツが第一次世界大戦に敗北したとき、ワイマール共和国憲法の制定に関与するなど、粉骨砕身その再建に力を尽くした人物のひとりだった。その彼が、純粋学問的にそのような重要な論を語るとは、思えないからである。

では、なぜ彼はそのような「正当性」論を展開したのだろうか。

第一次世界大戦をはさむ前後一〇年ほどのドイツの現実が、そうした「正当性」論の展開を、彼に余儀なくせしめたからではなかったのだろうか。

では、その第一次世界大戦前後のドイツの現実とはなにか。日本の現実から類推してみよう。そこでもう一度思い出してほしいのは、一七二ページで紹介した次の福沢諭吉《ふくざわゆきち》の言葉である。

各種の人民相分れて一群を成し、その一群中に言語文字を共にし、歴史口碑《こうひ》を共にし、婚姻相通じ、交際相親しみ、飲食衣服の物、すべてその趣を同じうして、自《おのず》から苦楽を共にするときは、復《ま》た離散すること能《あた》わず。即ち国を立てまた政府を設《もうけ》る所以にして、既に一国の名を成すときは人民はますますこれに固着《こちゃく》して自他の分を明にし、他国他政府に対しては恰《あたか》も痛痒《つうよう》相感ぜざるが如くなるのみならず、陰陽表裏共に自家の利益栄誉を主張して殆《ほと》んど至らざる所なく、そのこれを主張することいよいよ盛なる者に附するに忠君愛国等の名を以てして、国民最上の美徳と称するこそ不思議なれ。（福沢諭吉「瘠我慢の説」）

洋の東西は問わない。国家＝利益共同体説をとれば、かならず引き起こされるのが、異常なナショナリズムの高揚である。

あるいは、国家＝利益共同体説をとるために、国家をひとつの有機体に見立てれば、必然化されるのは、「ひたすら優勝劣敗のみ行われて優劣互に全く利害を異にするときは決して鞏固《きょうこ》なる団結共存をなす能《あた》わざること必然」だからという理由による、生存権的権利観念の形成であった。また、それと連動して生まれる、労働運動や社会主義運動の高揚であった。

いずれにしても、さまざまな方向での異常な大衆的高揚が国家を振り回す現実、さらにはその高揚が生み出す代行権力としての官僚制の、こちらも異常な肥大化、それが第一次世界大戦前後の日本の現実でもあり、ドイツの現実でもあった。それに立ち向かうためには、国家の正当性を国民輿論から完全に切り離すことが求められた。だからヴェーバーは、前述のような「正当性」論にたどりついたのではないか、というのが私の考えである。

そして考えてみれば、第一次世界大戦前後のドイツの現実は、同時期の日本の現実でもあった。ナショナリズムを喚起するための歴史学（白鳥＝津田史学）が、立憲政の足下を突き崩しつつあったし、労働運動や社会主義運動、さらには下層社会の暴発——都市民衆暴動——が、どんどんと過激さを増しつつあった。

一九三〇年代以降の美濃部憲法学説

日本においても、国家の正当性を人びとの合意から切り離すこと、すなわち国家意思と国民輿論の切断は、必要の度を増しつつあったのである。では、日本においてマックス・ヴェーバーの役割を果したのは誰だったのか。ここまで述べてきたことから、すでに明らかである。言うまでもなく、それは美濃部《みのべ》達吉《たつきち》であった。

彼にとってそもそも国家意思とは、先にみたように、相互に絶対性を主張する主権と主権が織り成す国際関係のなかで、主権がみずからの意思として他の主権からの制限を受け入れる、主権の自己制限が生み出すものであって、立憲的手続きを経て形成される輿論のことではなかった。国民代表機関であるはずの議会も、所詮はその主権の自己制限が生み出すべき国家意思を、ただ代理・代弁するだけの機関にすぎなかった。むしろその国家意思を国民に強制し、国民を統合するための装置にすぎなかった。

ただ、一九二〇年代までは、まだ議会政治に一定の政治的価値を見出していたから、一見、議会主義的装いを凝らしていただけであった。しかし一九三〇年代になると、あえて無理をする必要がなくなった。彼は敢然として、次のように主張したのである。

> 代議制の国家の本質に関する旧来の自由主義の思想は……これをふたたび貫徹することは望みがたい。それであるから政党国家を離るるためには大衆的民主政治から脱出するかまたはこれに打ち勝つのほかはない。それには「平等主義」の民主政治を貴族化して首領寡頭《かとう》政治に変化せしめ、もって無責任なる政党組織および政党の背後に匿《かく》れておるいっそう無責任な勢力に代うるに、独立なしたがって責任ある指導者をもってせしむることも思考し得べき所であり、またそれが既に発達の端緒にあるとしておる者も少くない。
>
> （美濃部達吉『憲法と政党』）

政党政治や「大衆的民主政治」を撲滅《ぼくめつ》し、それを「貴族化」した「首領寡頭政治」に置き換えよと。ここに民本主義の残滓《ざんし》はもうなにも見当たらない。

彼の語録は、「人間の能力は各人きわめて不平等であつて、数の多少のごときは決してその価値を判断すべき正当な標準たるべきものではない」（「選挙革正論」〔昭和四年〈一九二九〉〕）とか、

国民の経済生活が厳密な国家的統制の下に服することを要する時代に至ると、政治の主脳者として、国政の局に当たる者自身も、これらの経済問題について、少くともこれを理解し得るだけの能力ある者でなければならぬことを要求する。議会の議員としての経歴に基づく政党政治家が、はたしてよくこの任に堪うるや否やの疑わるる所以《ゆえん》は、主としてこの点に在る。

（美濃部達吉「我が議会制度の前途」〔昭和八年〕）

といった、議会や政党に対する不信の言葉で満たされはじめる。

国家＝利益共同体説に立ちながら、国家＝利益共同体説の醸《かも》し出す矛盾をいっきょに克服する方法は、その産物たる美濃部憲法学説を、議会制民主主義（立憲政）の枠を越えて発展させることだったのである。

挙国一致内閣と美濃部の理想

では、美濃部憲法学説を純粋培養的に発展させると、どうなるのか。次の引用にある「各政党の首領、軍部の首脳者、実業界の代表者、勤労階級の代表者等を集めた円卓巨頭会議」が生まれ、それが議会にとって代わるはずであった。

> 従って単純に立憲政治の常道に復するということだけでは吾々《われわれ》は到底満足し得ない。吾々の希望したいことは、この際各政党の首領、軍部の首脳者、実業界の代表者、勤労階級の代表者等を集めた円卓巨頭会議を開き、そのすべてが党派心や階級心や私心を去り、虚心坦懐《きょしんたんかい》に真に国家および国民を念として財政および経済の確立につき根本的の方針を議定し、この大方針の遂行に関しては、あたかも戦争に際した時のごとく、暫く政争を絶って、挙国一致内閣を支持することである。
>
> （美濃部達吉「非常時日本の政治機構」〔昭和八年〕）

主権の自己制限が生み出す国家意思のなんたるかを観察し、理解することのできる者たちだけの、国家意思の形成に携われる体制が、できるはずであった。

そしてその体制は事実、不完全だができた。美濃部がブレーンを務めた岡田《おかだ》啓介《けいすけ》挙国一致内閣において、昭和一〇年に誕生した内閣審議会と内閣調査局が、それであった。ただしできると同時に、二・二六事件によって、たちまち消滅させられてしまったのではあるが。

二・二六事件を引き起こした国家改造運動が、立憲政原理主義的運動であることは、すでに述べた。その運動にとって、議会政治そのものを葬り去ろうとする美濃部的発想は、堪えがたい邪道だったということなのだろう。

ただ付け加えておくと、美濃部は昭和一〇年に起きた国体明徴《こくたいめいちょう》事件（天皇機関説事件）において、いったん政治的に葬り去られてしまったかにみえる。しかしそれは表層であって、深層では違った。彼は、吉田茂《よしだしげる》や鳩山一郎《はとやまいちろう》同様、戦後に向かって一〇年の充電期間に入っただけであった。

民族自決権の相互承認と世界最終戦

民族自決権の相互承認システムの構築に向けて

美濃部《みのべ》憲法学説を純粋に発展させようとすれば、ますます必要になってくるものがひとつあった。それは世界的な民族自決権の相互承認システムであった。

美濃部憲法学説は、典型的な国家＝利益共同体説のひとつであった。主権が他の主権との競合関係のなかで行う自己制限こそが、主権的意思、国家意思形成の原動力だとする考え方であった。だからそれは、主権と主権の競合が、間違って戦争に発展することをもっとも警戒しなくてはならない考え方でもあった。その考え方に立つかぎり、どうしてもその諸国家間の民族自決権の相互承認システムが必要だったのである。

第一次世界大戦後、美濃部も日本政府も、諸手をあげて国際連盟の結成を受け入れている。それは、その必要性認識の現れであった。

たとえば、一九二〇年、国際連盟が成立したとき、美濃部は、「国際連盟……に加わることに依《よ》りて、国内法上における国家の統治権が種々の点において制限せらるるものであることは、疑を容《い》れない」としながら、にもかかわらず、「これをもって日本の憲法に抵触するものとするのは決して正当の見解でない」、なぜならば「これらのすべての制限はいずれも法律上天皇の意思に出づるものであって、即ち大権の自ら加うる所の制限にほかならぬのであるから」(『時事憲法問題批判』)と、主権の自己制限論を持ち出し、それを正当化していた。

しかし、その必要性は感じていても、その構築にみずからリーダーシップを発揮することは、日本にとっては至難のことであった。

理由は二つであった。一つは、日清・日露の戦争を経て、日本自身が、すでに他民族の独立を抑圧する側に回ってしまっており、さらには満州支配権をめぐって、アメリカからつねに「侵略者」とのレッテルを貼りつづけられる立場にあったからであった。そうした国が、民族自決権の相互承認システム構築のイニシアティブをとることは、やはり困難なことであった。道義的負い目が、つねにつきまとってしまうからであった。

そしていま一つは、そうした民族自決権の相互承認システムの構築は、先にも述べたが、多くの植民地をもつイギリスやフランスのような、西欧諸列強の反対を押し切って行わなくてはならなかった。したがって、相当に大きな力の背景をもちながら行わなくてはならなかったが、国際連盟では、その力の背景にならなかった。小国の集まりであり、武力制裁能力をもたなかったからである。

その力の背景になりうる存在は、アメリカしかなかった。ということは、その種の世界システムをつくり出そうと思えば，現にそうなりつつあったアメリカの超大国化を容認し、その支配に積極的に服する道を選ばなくてはならなかった。満州問題でのアメリカとの対立をかかえる日本に、それはさすがにできない相談だったから、であった。

かくて日本は、第一次世界大戦後、じつは一方で民族自決権の相互承認システム構築の必要を痛感しておきながら、他方その形成には、消極的にならざるをえないジレンマをかかえていたのである。だからつねに、ちぐはぐな行動をし、世界からの指弾を浴びつづけていた。

一方で侵略戦争を否定したパリ不戦条約に調印（昭和三年〈一九二八〉）しておきながら、他方で満蒙特殊権益の擁護を理由に、そのわずか三年後（昭和六年）に満州事変を引き起こしてしまうといったことなどは、そのちぐはぐの極みであった。

国内的にも、国際協調主義と強硬外交のあいだを揺れ動いていた。

世界最終戦への道

では、そのちぐはぐさから脱却するためには、どうしたらよかったのか。二つしか方法はなかった。

一つは、満州事変の首謀者石原莞爾《いしはらかんじ》が思い描いた方法、すなわちアメリカが恐慌《きようこう》対策に追われ、ソ連が未だ国力備わらざるあいだに、とりあえず満州だけは手中に収め、それを開発しながら、遠い将来の世界最終戦に備えるという方法であった。やがて、大東亜共栄圏構想につながる方法であった。

そして、もしその世界最終戦に勝ち残ることができれば、アメリカに代わって、みずからがその民族自決権の相互承認システムの保護者、すなわち超大国になるという方法であった。

そしてもう一つは、あえて超大国アメリカに戦いを挑み、敗北することによって、「満蒙《まんもう》問題」という日本にとっての癌を切除し、アメリカ主導の民族自決権の相互承認システム——実際には国際連合として誕生する——にみずから入っていくという方法であった。

しかし、それにしても、後者のような方法の選択がありえるのだろうか。十分にありえた。そもそも満州事変を引き起こした世界最終戦論者石原莞爾にしてからが、その最終戦に日本が勝者となって勝ち残るとまでは考えていなかったことを考えると、それは十分にありえた。

そしてそう思ったとき、気になるのが、次の昭和天皇の発言である。

開戦の際東条内閣の決定を私が裁可したのは立憲政治下に於《おけ》る立憲君主として已《や》むを得ぬ事である。若《も》し己が好む所は裁可し、好まざる所は裁可しないとすれば、之《これ》は専制君主と何《なん》等《ら》異る所はない。

終戦の際は、然《しか》し乍《なが》ら、之とは事情を異にし、廟議《びょうぎ》がまとまらず、鈴木総理は議論分裂のまゝその裁断を私に求めたのである。

そこで私は、国家、民族の為に私が是《ぜ》なりと信ずる所に依て、事を裁いたのである。

(『昭和天皇独白録』)

あるいは、

戦時中国民を鼓舞激励する意味で詔書を出して頂《いただ》き度《た》いと云《い》ふ事を、東条内閣の末期、それから小磯《こいそ》〔国昭〕、鈴木〔貫太郎〕と引続き各総理から要望があつた。が、出すとなると、速かに平和に還れとも云へぬからどうしても、戦争を謳歌し、侵略に賛成する言葉しか使へない、そうなると皇室の伝統に反する事になるから断り続けた。木戸も同意見であつた。

此際私が十七年十二月十日伊勢神宮に参拝した時の気持を云つて置き度い、あの時の告文を見ればわかるが、勝利を祈るよりも寧《むし》ろ速かに平和の日が来る様にお祈りした次第である。

（『昭和天皇独白録』）

との。

ここには、天皇に戦争への積極性はいっさい感じられない。開戦を前にした他の指導者たちの発言をとってみても同じだ。アメリカを相手に戦端を開かなくてはならないことに対する悲壮感は伝わってきても、勝利への確信、あるいは執念は伝わってこない。

彼らははたして勝つために戦争をはじめたのだろうか。もしそうでないとすれば、真の目的はなんだったのだろうかと、ふと思いたくなってしまう。彼らが、ただ東条英機ら一部の好戦的な軍事指導者に引きずられて戦争に入ったとは、やはり思いたくない。二〇世紀、この国の指導者がそれほど弱々しい指導者だったとは、思いたくないからである。

原爆の開発へ

異常な軍拡の必然

しかしいずれの方法をとるにしても、世界中の国の民族自決権の相互承認システムを構築するために必要な、唯一の超大国を選ぶための戦争に、日本は参加せざるをえない運命を負ったのである。

ならば、尋常の軍備では足りなかった。日本が勝つにしても負けるにしても、その戦争の結果生まれる超大国は、その戦争を「世界最終戦」たらしめるだけの強大な軍事力の所持者に、最後はならなくてはならなかった。

敗戦後、この国の原爆の父仁科芳雄《にしなよしお》が世界平和の実現法について、次のように述べたことがあるが、超大国は、ここで仁科のいう「更に威力の大きな原子爆弾またはこれに匹敵する武器」——実際には「水爆」——あるいは「もし戦争が起った場合には、広島、長崎とは桁違いの大きな被害を生ずることを世界に周知させる」ほどの武器の所持者にならなくてはならなかった。

次に第二の方法は科学技術の進歩に全力をつくすことである。前述の通り科学は真理探究という人の本能の現れであるから、これを抑制することは不可能である。勿論《もちろん》科学の成果を武器に応用することは、科学者の良心的努力によってある程度は防ぎ得るであろうからそれを実行することは必要である。然《しか》し、前述の通り今日の国際情勢から推して、そんな方法のみによって科学の成果を戦争に利用させぬようにすることは不可能であろう。

　そこで考えられることは、寧《むし》ろ科学の画期的進歩により、更に威力の大きな原子爆弾またはこれに匹敵する武器をつくり、もし戦争が起った場合には、広

原爆投下　昭和20年8月6日、アメリカは広島に史上初の原爆を投下した。盛り上がるキノコ雲を上空から撮影した。

島、長崎とは桁違いの大きな被害を生ずることを世界に周知させるのである。勿論それはわが国で実現させ得ないのはいうまでもないことである。

今日原子爆弾をつくることが国際間で競争となった観があるのは原子爆弾の被害を十分認識していない人が多いためである。もし世界各国が多くの人を広島及び長崎に送り、惨害の現状を目のあたり見聞させておったならば恐らく、平和を望む声は現在よりも遥かに強まったに相違ない。

もし現在よりも比較にならぬ強力な原子爆弾ができたことを世界の民衆が熟知し、且つその威力を示す実験を見たならば、戦争廃棄の声は一斉に昂《たか》まるであろう。

（「原子力と平和」『仁科芳雄遺稿集　原子力と私』）

最後は、そうしたとてつもなく強大な軍事力の保持者（超大国）を生むための戦争なのである。求められる軍

戦艦大和　昭和９年にロンドン海軍軍縮条約が失効したのを機に建造された、世界最大の18インチ砲搭載巨大戦艦。大艦巨砲主義の極限であった。

備の質および量は、半端なものではなかった。

海軍が、世界最大の一八インチ砲搭載《とうさい》戦艦（大和・武蔵）の建造に必死になったのもそのためであった。当然、人びとの視線は、核の上に注がれることになったのである。

「二」号計画

日本のオッペンハイマー（原爆の父）と称される仁科芳雄は、日米開戦の半年前、昭和一六年（一九四一）五月二七日に、「科学技術新体制確立要綱」が閣議決定されたことを受け、まず次のように、戦争遂行のためには「科学的国民」の育成と「天才」の援助が必要だと説いたが、それが原爆開発へのゴーサインとなった。

独ソ開戦に端を発した国際情勢の一段の緊迫は、最近に至って極東において重大な形態をとるに至りました。即ち我が国と仏印との共同防衛の締結と、これに対する米、英、蒋《しょう》（中華民国）、蘭印の資金凍結による我が国に向かっての包囲的経済圧迫とであります。この事態の発展に際して誰もの心の底から湧き上ったことは、我が国は自分の実力に頼るより外はないという切実な覚悟です。我々は自分の力で高度国防国家を建設し、東亜共栄圏の自給自足を計らねばなりません。それには我々の持っているすべての智嚢《ちのう》、すべての血液、すべての物資を捧げ尽くして、肇国《ちょうこく》の理想に向かって大行進をしなくてはならぬのであります。

この場合に当たって我々は祖先伝来の大和魂に充分信頼してよいし、忠君愛国の至誠に於ては世界のどの国に対しても劣らないという自信は確固たるものであります。これが国防国家に必須なものであるということは、これまで我が国が経てきたすべての国際戦争に於て明らかに実証せられた処《ところ》であって、ここに疑いを挿む余地は毛頭無いのですが、然しそれだけで今日の高度国防国家は完成せられ、戦えば必ず勝つでありましょうか。また、東亜共栄圏の資源を以てよく自給自足を確立し得るのでありましょうか。今日の科学、技術の高度に発達した列国の軍備と文化を見、次いで我が国のこの方面の進歩の程度を顧みます時、我々は科学、技術の面に対して渾身の努力を傾注せねばならぬことを痛感するのであります。

然らば我が国の科学、技術を推進するにはどうしたらよいでありましょうか。その方策としては緩急種々の手段がありますが、最も基礎的なことは国民一般の科学的水準を高めることであります。水準の高い科学的国民に対しては、いわゆる大発見、大発明は大した努力を要しないのであって、これが即ち天才です。そして天才の出現によって水準は更に高められ、科学技術を推進する伝統や環境ができてきますから、その進歩は加速的になるのであります。

（『仁科芳雄往復書簡集』Ⅲ）

ただ、「科学的国民」の育成と「天才」の援助は、当初はうまくいかなかったようで、その「天才」のひとり大阪帝国大学教授菊池正士からは、早い段階で、「とにかく企画院の人は皆素人なのだから学界の事情等少しも判《わか》らずに頭だけでやっているのではないかという感が非常に致します。……日本の航空がおくれる原因がどこにあるか考えて見れば、そう航空にのみ重点を置く必要もなく、学問技術全体の向上を充分計るべきだと存じます」との不満が吐露されていた。

そして、その不満に対して、「現下の物的ならびに人的資材の払底《ふってい》している時には重点主義で行かねばならないでしょうから、航空技術院も致し方ないでしょう。然しこれは当座の間に合せであって、これで一〇年も二〇年も続けて行ったらかえって航空も進歩する基礎が失われ、いつまでたっても外国の模倣の域を脱しないと思います」と、仁科も同調していた。

しかし、開戦から半年たった昭和一七年六月頃になると、仁科の発言にサイクロトロン（加速器）への言及がみられはじめるなど、研究もそうとう進捗《しんちょく》をみせはじめたようであり、同年一二月二七日には、次ページの「ウラン原子核分裂エネルギー利用研究計画案」が策定されるに至っている。

ウラン原子核分裂エネルギー利用研究計画案

菊池正士

研究期間を三期に分つ

第一期　一八年一月一日より一二月末日まで一年間。

この期間は現有設備により、磁場による同位体分析装置の研究を行ひウラン(235)の同位体の分析に有効なる方法を一八年六月までに決定し、その方法にて直ちにその分析を行ふ。これと並行して熱拡散によるウラン(235)の析出の研究をなす。

第二期　一九年一月一日より二〇年六月末まで一ケ年半。

第一期中できるだけ早くウラン分析に適する、二〇トン前後の電磁石を設計し、少くもこれを一八年一〇月までに作製し、一九年はじめよりこれを用ひてウラン分析を行ひ、相当多量のウラン(235)の析出をなす。

この間熱拡散の方法の研究も続行する。

かくして得られたウラン(235)について実験を行ひ、これを実地に利用する方法を工夫する。

第三期　二〇年六月以降

第二期までの研究の結果によりて判断し、適当なる方策を探る。

以上に要する費用

第一期（一年間）実験費　一万円

人件費（金工手二名実験助手二名）　四千円

第二期（一年半）二〇トン電磁石　〇〇《ママ》円

一〇キロ短波長（一〇米位）発振器　〇〇《ママ》円

実験費　二万円

人件費（金工手二名実験助手三名）　一万円

第三期　不明

（『仁科芳雄往復書簡集』Ⅲ）

我が国における原爆開発は、ほぼ昭和一八年初頭には、本格化しはじめていたといっていいのである。けっこうハイテンポである。日本がアメリカに勝てる方法は、唯一この原爆開発に成功することしかなかったからではないだろうか。

敗戦という選択

日本国憲法における美濃部の影

昭和二〇年（一九四五）八月一五日、日本は敗北した。ただ、その場合ひとつ気になるのは、では日本の支配層は敗北したのか、ということである。彼らにとって、敗戦は思いもよらぬ不幸な出来事だったのか。それとも想定内の出来事だったのか。私には後者のように思えてならないのである。

というのも、みてきたように、戦前期日本の支配思想の最高の到達は、民本《みんぽん》主義をかなぐり捨てた美濃部《みのべ》憲法学説、国家意思＝主権の自己制限論であったが、それが敗戦後もみごとに生き残り、何事もなかったかのように、日本国憲法体制の思想的骨組みになっていったからである。支配思想にダメージが与えられない敗戦などあるだろうか、と思うからである。

では、美濃部憲法学が戦後も生き延びた証拠は。それが、次の日本国憲法第九八条二項の存在であり、その制定への美濃部のかかわりである。

第九八条〔憲法の最高法規性、条約・国際法の遵守〕この憲法は、国の最高法規であつて、その条規に反する法律、命令、詔勅及び国務に関するその他の行為の全部又は一部は、その効力を有しない。

②日本国が締結した条約及び確立された国際法規は、これを誠実に遵守することを必要とする。

これは、「憲法の最高法規性」を規定した条項である。そこに、「日本国が締結した条約及び確立された国際法規」が、憲法とともに最高法規としての取り扱いを受けることが明記されているのである。独立国の憲法としてはあるまじき条項であるが、美濃部的、主権の自己制限論を前提にすれば、ありうる条項であった。今日、我が国が、日本国憲法以上に日米安全保障条約に規定され、異常な数の外国軍隊の領土内駐留を許しているのも、この条項があるからである。

そして興味深いのは、この条項の挿入には、美濃部自身が深くかかわっていたと思われることである。なお付け加えておくと、この条項は、アメリカの求めに応じて挿入させた条項ではない。第九〇帝国議会での憲法審議の課程で、日本側の都合で挿入された条項である。

憲法草案を審議した第九〇帝国議会の衆議院帝国憲法改正委員小委員会において、かかる条項は独立国の憲法にあるまじき条項と、反発を強める法制局長官佐藤達夫に対して、小委員会委員長芦田均《あしだひとし》は、「初め九十四条（九八条は原案では九四条）の原文には、条約が最高法規だというようなことがあった」とか、条約を「憲法と寧《むし》ろ共に最高法規になるという趣旨がこの九十四条の原文にはあった訳です」と前置きしたうえで、次のように反論しているが、ここに出てくる「実ハ私ニ其ノ事ヲ話シタ人」が、たぶん美濃部達吉だからであった。

実ハ私ニ其ノ事ヲ話シタ人ハ、国際条約、法規等ハ此ノ憲法ト共ニ尊重セラレナケレバナラナイト云フ文句ガアツタノデスガ、憲法ト共ニト云フノハ、法律的ニ言ツテドウ云フコトダ、憲法ト共ニト云フ言葉ハドウモオカシナ言葉ダ、併シ国際法規ト云フテモ、郵便条約ノヤウナモノモアルノデアルカラ、ソレヲ憲法ト同列ニト云フコトハ、重要性カラ見テモヲカシイノデアルガト言ツタラ、ソレナラ最大ノ尊重ヲ必要トスルト云フコトデ結構デスト云フヤウナ意見デ、憲法ト云フ字ヲ取ラレタノデス、

（衆議院事務局『第九十帝国議会、衆議院、帝国憲法改正委員小委員会速記録』）

そしてそれは、昭和二二年に出した新憲法（日本国憲法）の解説書『新憲法概論』において、

美濃部が次のように述べていることによって確認できる。

憲法が国家最高の法規であることについては「この憲法は国の最高法規であって、その条規に反する法律、命令、詔勅及び国務に関するその他の行為の全部又は一部は、その効力を有しない」といっておる。政府提出の原案には「この憲法並びにこれに基づいて制定された法律及び条約は国の最高法規とし」とあったのを、衆議院において斯《か》く修正したのであつて、原案の意義においての「最高法規」はやや広い意味に用いられていたのを、特に厳格に憲法のみをこれに該当するものとしておるのである。

最高法規の概念の中から条約を取り除いた結果、別に第二項として「日本国が締結した条約及び確立された国際法規は、これを誠実に遵守することを必要とする」の一項を加えた。満州事変以来我が国が不戦条約・九ヶ国条約・国際連盟規約等の諸条約に違反し、国際法を尊重することを為《な》さなかったという非難に顧《かえり》み、条約及び国際法の誠実に遵守せらるべきことを宣言したのである。ただ政府の原案に示されていたような条約が国内法規としても法律と等しく最高法規たることの趣意は、全く示されないことになったのは遺憾である。

（美濃部達吉『新憲法概論』）

この美濃部の発言には、先の芦田の発言にあった「私ニ其ノ事ヲ話シタ人」しか知り得ない情報が含まれているからである。ある意味で秘密の暴露になっているからである。

美濃部憲法学説は、戦後日本においても支配思想として継続した。かかる継続を許す出来事が、はたして敗戦だろうか。私ならずとも、疑いを抱くのは当然ではないだろうか。

日本国憲法の本質

この国の支配層は、けっして負けてはいないのである。敗戦を通じて、真に主権の自己制限によってのみ国家意思を形成する、輿論への配慮をほとんどする必要のない、美濃部憲法学説にのっとった、理想の法人国家の実現に成功したのである。

そういえば、津田史学も生き延びたし、満州事変をはじめた張本人であり、世界最終戦論者でもあった石原莞爾《いしはらかんじ》も、戦犯に問われることなく生き延びた。さらには、大日本帝国憲法の条項も、大事なところは日本国憲法に受け継がれた。日本国憲法は天皇の国事行為について、第七条で次のように規定しているが、これはおおむね大日本帝国憲法の天皇大権にかかわる条項（第五条から第一七条）に、対応していた。

第七条〔天皇の国事行為〕天皇は、内閣の助言と承認により、国民のために、左の国事に関する行為を行ふ。
一　憲法改正、法律、政令及び条約を公布すること。
二　国会を召集すること。
三　衆議院を解散すること。
四　国会議員の総選挙の施行を公布すること。
五　国務大臣及び法律の定めるその他の官吏の任免並びに全権委任状及び大使及び公使の信任状を認証すること。
六　大赦《たいしや》、特赦、減刑、刑の執行の免除及び復権を認証すること。
七　栄典を授与すること。
八　批准書及び法律の定めるその他の外交文書を認証すること。
九　外国の大使及び公使を接受《せつじゆ》すること。
十　儀式を行ふこと。

重要なのは第五項である。これは、大日本帝国憲法第一〇条の「天皇ハ行政各部ノ官制及文武官ノ俸給ヲ定メ及文武官ヲ任免ス。但シ此ノ憲法又ハ他ノ法律ニ特例ヲ掲ゲタルモノハ各々其ノ条項ニ依ル」と対応していた。日本国憲法においても、官吏任免権は相変わらず天皇に帰属していたのである。議会（両院議長）にも、内閣総理大臣にも、帰属しなかったのである。

官吏任免権が誰に帰属するかは、憲法の性格を占う、重要な問題である。それが天皇に帰属しつづけているということは、日本国憲法と大日本帝国憲法のあいだに、じつはさほどの隔たりがなかったということを意味していたのである。

奇策の代償

しかし、国家＝利益共同体説をとったばかりにかかえた矛盾を乗り越えるのに、あえて負けを承知で世界最終戦に臨むというのは、やはりそうとうの奇策であった。

ただこの国の支配層は、あえてそれを承知のうえで、その奇策をとったと思われる。そう思うのは、「大東亜戦争《だいとうあ》」開戦にあたって、指導者のうちの誰ひとりとして、勝つ目算を語っていないからである。その奇妙さは、想像を絶する。

あれだけの大戦争を、清水の舞台から飛び降りるつもりではじめる戦争指導者が、どこの国にいるだろうか。仕掛けられた戦争を受けて、戦ったのではない。みずから仕掛けたのである。この奇妙さは、あの戦争が、やはり当初から負け戦さ覚悟の戦争であったと考えなくては、理解できない。

しかし、奇策の代償は大きかった。

あえて三〇〇万人の犠牲者を出して、国家のリニューアルを行ったのである。犠牲にされた三〇〇万人の怨霊が、国家を覆う形になった。三〇〇万人の犠牲者に対する贖罪《しよくざい》なしに、戦後日本は生きられなくなったのである。

では、この国の支配層が行った、その三〇〇万人の犠牲者に対する贖罪とはなにか。私はそれが、戦前はあれほど嫌った社会主義者や共産主義者を容認し、彼らの唱える絶対平和主義に、日本国憲法第九条という保障を付けたことではなかったのかと思っている。人びとが、国家の戦争行為に対する絶対不信を前提に、考え行動することを、いたって寛容に受け入れつづけたことではなかったのかと思っている。社会主義・共産主義が自滅するまで、彼らは待った。

ただ贖罪のために、現実の政治を行うわけにはいかなかった。しかも確認しておかなくてはならないのは、三〇〇万人を犠牲にしてでも世界最終戦に突入したこと自体は、国家理性の命じるところであり、けっして詐欺的心情に発したことではなかったということである。

ならばこの国の戦後政治には、普通の国ではありえない、二つのルールが確立された。

一つは、討議し輿論を形成する場である国会は、社会主義者や共産主義者、あるいはそれに同調する人びとの不満吐露の場となるに任せ、そこでは重要な意思決定は行わないというルール。戦後日本の国会の不毛で非和解的な論戦の伝統は、かくして生まれた。

そしていま一つは、重要なことは暗黙の了解として、密室で決定するというルールであった。先にみた憲法第九八条二項なども、このルールで決定された。第九〇帝国議会の衆議院帝国憲法改正委員小委員会に、同案（当初は第九四条）が提出されたときには、もう根回しが終わっていた。法制局長官佐藤達夫が、いかにそれを独立国にあるまじき条文だと言って非難・攻撃しようと、誰ひとりとしてそれに同調する委員は出なかったのである。

そして、その暗黙の了解で決定された最大の重要案件が、じつは戦前以来の核開発の継続、原子力の平和利用だったのである。

そしてそれによる核開発のゆがみ、それが今回の福島第一原発事故につながったのである。

第七章

「ヒロシマ」から「フクシマ」へ

核開発の継続

仁科芳雄の執念

昭和二〇年（一九四五）八月六日、広島に原爆が投下されたとき、日本の原爆の父仁科芳雄《にしなよしお》は、部下玉木英彦に次のように言いおいて広島に向かった。

今度のトルーマン声明が事実とすれば吾々《われわれ》「ニ」号研究の関係者は文字通り腹を切る時が来たと思う。その時期については広島から帰って話をするから、それまで東京で待機しておってくれ給え。そしてトルーマン声明は従来の大統領声明の数字が事実であったように真実であるらしく思われる。それは広島へ明日着いてみれば真偽一目瞭然であろう。そして参謀本部へ到着した今までの報告はトルーマン声明を裏書きするようである。

残念ながらこの問題に関してはどうも小生の第六感の教えた所が正しかったらしい。要するにこれが事実とすればトルーマンの声明する通り、米英の研究者は日本の研究者即ち理研の四九号館の研究者に対して大勝利を得たのである。これは結局において米英の研究者の人格が四九号館の研究者の人格を凌駕《りょうが》していることに尽きる。

万事は広島から帰って話をしよう。それまでに理論上の次の問題を検討しておいてくれ給え。「普通の水の代わりに重水を使うとしたら、ウランの濃縮度はどの位で済むか。またそのウランの量は如何《いかん》？」

（『仁科芳雄往復書簡集』Ⅲ）

仁科は、原爆開発においてアメリカに遅れをとったことを、「米英の研究者の人格が四九号館の研究者の人格を凌駕し」た証《あかし》と捉え、率直に負けを認めた。しかし、重要なのは傍線部分である。だからといって彼は、原爆の開発をいっさいやめようとしていなかったことである。それは戦争に負けてから以降も同じであった。

翌二一年五月一日付の、アメリカ陸軍省の軍事課報局長代理E・G・エドワーズ発、アメリカ太平洋陸軍総司令官（サンフランシスコ）宛の次の機密文書には、そのことが明瞭に示されていた。

最高機密

陸軍省　軍事諜報局　ワシントン

1946年5月1日

MID九〇六

主題：日本の核物理研究

アメリカ太平洋陸軍総司令官宛　APO五〇〇

サンフランシスコ郵便局長気付

1. 仁科芳雄（理化学研究所、東京本郷区駒込上富士前町三一）から菊池正士（大阪帝国大学、大阪北区中之島）に郵送された一九四六年三月一五日付の書簡がCIS‐GHQ太平洋陸軍前線司令部、民間検閲部APO五〇〇により途中で抜き取られた。筆者は次のように述べている。

「一九四五年八月三一日、学術研究会議会長はわれわれ研究班に研究中止を命令した。しかし他日、彼は、われらの研究続行に異議はなく、一九四五年度予算を次のように配分したと報告した」

彼はまた、サイクロトロンおよびファン・デ・グラフ型加速器の建設、ウランの核分裂の研究とその応用、および同位体の濃縮と分離の計画の明細を示している。

2. 参加人員および実験の状態を含めこれら計画の通報を求める。

（以下略）

（『仁科芳雄往復書簡集』Ⅲ）

仁科は、昭和二〇年八月末になってもまだ「サイクロトロンおよびファン・デ・グラフ型加速器の建設、ウランの核分裂の研究とその応用、および同位体の濃縮と分離の計画」への予算獲得を諦めていなかったのである。その意図を、「ニ」号研究以来の盟友、大阪帝国大学の菊池正士にもらした手紙が、アメリカ軍によって抜き取られていたのである。

仁科は、敗戦後も当然のことのように、核開発を続けようとしていた。そして、それをアメリカも承知していたのである。

仁科芳雄（1890～1951）　岡山県出身の核物理学者。理化学研究所を拠点に、原子力研究に取り組み、戦中は原爆開発を主導した。

当然であった。仁科たちにとって、核開発は単に日本がアメリカに勝つための核開発ではなかった。世界最終戦を戦い、勝者となるか、敗者となるかは別として、結果として生まれる民族自決権の相互承認システムを軍事的に保障する、超大国中心の世界秩序を生むための核開発であった。

だから、日本が負けたからといって、そう簡単にやめられるようなものではなかったのである。アメリカ軍によるサイクロトロン（加速器）の破壊に抗議して、仁科が一二月一二日の書簡で、連合国軍最高司令官マッカーサーに、「サイクロトロンは原子爆弾の製造には全く関係ありません。十分な量のウランさえあればサイクロトロンなしで何個でも原子爆弾を造ることができます。しかし十分なウランがなければ、たとえ多くのサイクロトロンをもっていても一個の原子爆弾も製造することはできません」、我われのサイクロトロンは「生物の世界を支配する自然法則を発見し、農学、林学、水産学、医学のしっかりとした基礎と発展を創出するための」（『仁科芳雄往復書簡集』Ⅲ）ものであると、いかに熱っぽく力説してみせても、それが偽りであることは明らかであった。

そんなことぐらい、アメリカも十分に承知していたのである。

アメリカの日本利用の意図

ただアメリカは、仁科の虚偽をあえて暴こうとはしなかった。

ではなぜアメリカは、仁科の虚偽に対して、それほど寛大だったのか。次の、ＧＨＱ経済科学局科学技術課次長Ｈ・Ｃ・ケリーの、局長Ｗ・Ｆ・マーカット宛の、一九四八年年九月三日付の報告書が、その疑問に答えてくれる。

主題：合衆国による日本科学者の利用

1．貴方の一九四六年三月の口頭による要請にこたえ合衆国による日本科学者の利用の可能性を調べた。

2．日本は理論科学に優れた指導者をもっている。実験科学では、仁科や菊池といった二、三の例外を除けば、むしろ弱い。理論科学者たちは、理論原子核物理学の分野で際立った寄与をしてきた。オッペンハイマー博士のような最良の助言者によれば、核理論の発展において彼らは合衆国とほとんど肩を並べている。実験核物理学における彼らの寄与はほとんど無視できるくらい小さい。

3．日本の科学者が合衆国に行くとすれば、学者として、安全に責任をもつ民間の機関をスポンサーとして行くべきであり、ドイツの場合のように彼らを輸入すべきではない。ドイツ科学者の輸入による——アメリカの科学者自身にさえよる——負の宣伝効果を見れば、われわれの方法がより実際的なものであることが分かる。

4．合衆国に行くべき最初の科学者の一人は京都帝国大学の教授、湯川博士である。彼は中間子理論の発案者であり、オッペンハイマーによって世界の最も優れた理論物理学者一〇人の中に数えられている。湯川博士は、プリンストンの高等研究所の任用を受け九月二日に発った。この計画は、極東委員会の議論のため、早めることはできなかった。

5．貴方の承認があれば、同じ路線が将来もとられるであろう。傑出した日本科学者は、非友好的な国々よりもアメリカに向かうよう、あらゆる手段で奨励されるであろう。

（『仁科芳雄往復書簡集』Ⅲ）

アメリカは、きわめて早い段階から、少なくとも一九四六年三月以前の段階から、戦争中に長足の進歩を遂げた日本の核物理学研究・核技術を、破壊するのではなく、利用しようとしていたのである。それは、同じくアメリカが七三一部隊の細菌兵器技術を利用しようとしたのと、動機において同じであった。

アメリカ政府がＧＨＱ経済科学局に、核物理学の専門家Ｈ・Ｃ・ケリーとＧ・Ｗ・フォックスを派遣した（一九四六年一月来日）のも、そのためであった。吉川秀夫氏の手になるケリーの伝記『科学は国境を越えて』によれば、ケリーは来日に際して、軍関係者から『われわれは日本がわれわれの計画について、どのくらい知っているかということも知りたいのだ』と、まるで情報部員みたいなこと」を言われたとのことであった。

アメリカの意図は明瞭であった。だから仁科の虚偽に、寛容だったのである。

冷戦と核解禁

ただし一九四八年秋までは、アメリカも露骨にその計画を実行に移すわけにはいかなかった。

「極東委員会の議論のため、早めることはできなかった」からであった。

ソ連も参加する極東委員会は、日本の核開発に終始否定的だった。一九四七年一月三〇日には、「日本人が現在原子力の分野において研究を行ない、または原子力を開発もしくは利用することを許されるべきではないと考える」との決定を下し、「核分裂性核種の生産を目的とするすべての研究または開発」「化学元素の天然同位体混合物より核分裂性の同位体を分離または濃縮することを目的とするすべての研究または開発」を禁止した。さらには、「医療用ラジウムのごとき許可された目的をもつ……放射性物質の採掘、処理および精製」でさえ、連合軍最高司令官の監督下におくことを求めた（『仁科芳雄往復書簡集』Ⅲ）。

この極東委員会の姿勢を、一九四八年までは、アメリカとはいえ憚《はばか》らなくてはならなかったからである。

だから冷戦が激化しはじめ、その憚りの必要がなくなると、アメリカは露骨に、日本の核物理学・核技術の利用に乗り出したのである。その証《あかし》が、前述のマーカット宛ケリー書簡であった。昭和二四年一月に日本学術会議を結成させ、その中心に仁科を据えたのも、そのためであったし、湯川秀樹をはじめ多くの核物理学者をアメリカに招聘《しょうへい》し、当時の日本では考えられない恵まれた研究環境を与えたのも、そのためであった。その招聘された核物理学者のなかには、長岡半太郎の五男で、やがて日本の核戦略の決定に重要な役割を果たす嵯峨根遼吉《さがねりょうきち》などもいた。

また、仁科も短期間であるが、昭和二五年三月三日から四月六日まで、アメリカ科学アカデミーの招きで、アメリカ各地の原子力施設を訪問している。

そしてこのアメリカの働きかけに、仁科らは応えたのである。もしそうでなければ、「世界で唯一の被爆国」の知的リーダーに、繰り返しの引用になるが、次のような発言（昭和二四年六月読売科学講演会における）は生まれない。世界平和は「さらに威力の大きな原子爆弾」（水爆）の恐怖によってしか実現できない、と彼は言ったのである。加えて彼は、日本は「原子力の平和利用」をもって、そのアメリカの水爆の傘を支えることを考えていた。

次に第二の方法は科学技術の進歩に全力をつくすことである。前述の通り科学は真理探究という人の本能の現れであるから、これを抑制することは不可能である。もちろん科学の成果を武器に応用することは、科学者の良心的努力によってある程度は防ぎ得るであろうからそれを実行することは必要である。然し、前述の通り今日の国際情勢から推して、そんな方法のみによって科学の成果を戦争に利用させぬようにすることは不可能であろう。

そこで考えられることは、むしろ科学の画期的進歩により、さらに威力の大きな原子爆弾またはこれに匹敵する武器をつくり、もし戦争が起《おこ》った場合には、広島、長崎とは桁違いの大きな被害を生ずることを世界に周知させるのである。もちろんそれはわが国で実現させ得ないのはいうまでもないことである。

今日原子爆弾をつくることが国際間で競争となった観があるのは、原子爆弾の被害を十分認識していない人が多いためである。もし世界各国が多くの人を広島及び長崎に送り、惨害の現状を目のあたり見聞させておったならば恐らく、平和を望む声は現在よりも遥かに強まったに相違ない。

もし現在よりも比較にならぬ強力な原子爆弾ができたことを世界の民衆が熟知し、且つその威力を示す実験を見たならば、戦争廃棄の声は一斉に昂《たか》まるであろう。

（「原子力と平和」『仁科芳雄遺稿集　原子力と私』）

加えて、昭和二五年一一月一一日付の、当時はアイオワ州立農工科大学にいたG・W・フォックスから仁科芳雄宛の次の書簡などは、仁科が「いまアメリカで弾《はず》みをつけつつある再軍備プログラム」――水爆開発を含む大軍備拡張政策のことだろう――や、その一環としての日本の再軍備（警察予備隊の創設）などにも深くかかわっていたことさえ示唆していたのである。

私たちはいま非常に忙しくしています。しかし純粋研究から、いまアメリカで弾《はず》みをつけつつある再軍備プログラムに直接結びついた研究にはまだ転換させられていません。朝鮮での事態の転換は本当に悲しいものです。お手紙をいただいた頃から、一般的な戦争ではないにしても、疑いもなくより大きな混乱を惹《ひ》き起こす方向に事態は向かっています。朝鮮の偶発的な事件に赤い中国がはっきりと軍隊を投じた現在、次の数週間のうちに情況がどう変わるか誰にも分かりません。責任のありかを言うことは困難ですが、すべての面倒なことの背後にはロシアがいることは確かです。

（中略）

とうとう占領が、ある意味では、日本の軍隊の核を造りつつあるということに注目しています。七万五千人の警察隊が形成過程にあります。専門的には警察予備隊と呼ばれていますが、もし戦争が起きたら自分自身を守れるように明らかに日本は再軍備をスタートさせました。私たちは日本とアメリカの関係がどうあるべきかをしばしば議論しました。世界的な事件の悪い方向への転換は私たちを決定的に緊密に結びつけると思います。共産主義が世界中に蔓延《まんえん》するとき、日本人のような国民を武装解除することは馬鹿げています。

（『仁科芳雄往復書簡集』Ⅲ）

「原子力の平和利用」と潜在的核保有国化

「アトムズ・フォー・ピース」と中曽根康弘

仁科芳雄《にしなよしお》は、昭和二六年（一九五一）一月一〇日に死んだ。一説には、原爆投下直後の広島に入ったのが原因だとされている。

では、「さらに威力の大きな原子爆弾またはこれに匹敵する武器をつくり、もし戦争が起《おこ》った場合には、広島、長崎とは桁違いの大きな被害を生ずることを世界に周知させる」ことによって世界平和を実現し、みずからは「原子力の平和利用」によって、その平和秩序の構築に参画しようという仁科の構想は、彼の死後、誰かに引き継がれたのだろうか。当然、引き継がれた。とりあえずは、アメリカの核の傘のもとで「原子力の平和利用」を推進した中曽根康弘《なかそねやすひろ》や正力松太郎《しょうりきまつたろう》に引き継がれたのである。

中曽根らは昭和二九年三月二日、衆議院に原子力予算二億三五〇〇万円を緊急上程し、戦後の原子力開発に本格的な道筋をつけたが、それがじつは、太平洋上のビキニ環礁でのアメリカの水爆実験成功の翌日であったこと。さらには、彼の次の回想にもあるように、原子力開発を進めるにあたって彼が頼りにしたのが、かつて仁科がアメリカに蒔《ま》いておいた嵯峨根遼吉《さがねりょうきち》のような人材であったことが、そのことを示していた。

アイゼンハワーが「アトム・フォー・ピース」といい出して、アメリカに原子力産業会議ができて、軍用から民間の平和利用に移行するときでした。それで、これはたいへんだ、日本も早くやらないとたいへんなことになるぞ、とサンフランシスコに戻って、バークレーのローレンス研究所にいた理化学研究所の嵯峨根遼吉博士に領事公邸にきてもらって二時間ぐらい話を聞きました。嵯峨根さんはひじょうにいい助言をしてくれました。

一つは、「国家としての長期的展望に立った国策を確立しなさい。それには法律をつくって、予算を付けるというしっかりしたものにしないと、ろくな学者が集まってこない」と。それから、一流の学者を集めるにはどうしたらいいかとか、そういう話を聞いて帰ってきました。

（中曽根康弘『天地有情―五十年の戦後政治を語る』）

では、なぜ中曽根らは、仁科の後を継いでアメリカの水爆の傘に入ることと、アメリカ大統領アイゼンハワーの「アトムズ・フォー・ピース Atoms for peace」演説――一九五三年一二月八日、国連において――に応えて、「原子力の平和利用」に邁進することを組み合わせた政策をとったのだろうか。

仁科が言った世界平和のためということもあるが、なにより日本自身が潜在的核保有国になるためであった。そのために必要なプルトニウムを蓄積するためであった。

そこで参考になるのが、政治学者佐藤誠三郎氏、歴史学者伊藤隆《いとうたかし》氏と対談した、中曽根の次の回想である。

中曽根　……政府も経済企画庁の中に原子力担当課を設置して、翌五五年八月にジュネーブで国連の第一回原子力平和利用国際会議が開かれたときにも代表団を送ることができました。駒形作次博士をトップに代表団を組んで、私や前田正男・志村茂治・松前重義さんが顧問になっていっしょに行きました。……

佐藤　しかも、その四人というのは、当時の四大政党から一人ずつ出ているわけですからね。

中曽根　そう、志村茂治君は社会党左派、松前重義さんは右派、前田正男君は自由党でした。

佐藤　全員が賛成したのですね。

中曽根　みんな賛成しました。……

佐藤　つまり、社会党左派まで賛成したということですか。

中曽根　もちろん、成田（知巳）君も勝間田（清一）君もそうですが志村茂治君が主導してくれていましたから。それで、まず原子力基本法が問題になりました。社会党が「平和と公開、民主、自主の原則を入れろ」というわけですよ。それで、「平和利用はもちろんだが、民主とか自主というのはどういう意味だ、公開はどの程度か、産業秘密もある」といろいろ議論しました。

（中略）

私が原子力問題をあれだけ思い切ってやれたのは後援者がいたからですよ。一人は三木武《みきぶ》吉《きち》さん。あの人はやはり先端を行く人でした。原子力にひじょうに関心を持っていて、「中曽根君、思い切ってやれ」と支援してくれましたね。私は副幹事長でしたから、三木さんとはしょっちゅう顔を合わせていたんですが、会うたびに激励されました。

（『天地有情―五十年の戦後政治を語る』）

五五年体制と「原子力の平和利用」

ここで重要なのは、こと「原子力の平和利用」に関するかぎり、保守・革新を問わず、すべての党派が、それを支持していたということである。

戦後日本にとって最大の困難は、国論が「再軍備・改憲」派と「非武装中立・護憲」派とに、二分されていたことである。国家の安全保障政策の基本に関し、コンセンサスがなかったことであった。しかし、こと「原子力の平和利用」に関するかぎり、その対立は完全に解消されていたのである。

だとすれば、「原子力の平和利用」こそが、「再軍備・改憲」派と「非武装中立・護憲」派の非和解的対立を緩和する重要な役割を果たしていたことが、容易に想像がつく。ならば、その目的は、日本の潜在的核保有国化にあったと考えるのが、自然なのである。

アメリカの核の傘の下で「原子力の平和利用」に邁進するということは、日本にとっては、まずは潜在的核保有国になるということであった。言うまでもなく、それは「再軍備・改憲」派と「非武装中立・護憲」派の対立を温存したまま、安全保障の根底を定めるためであり、戦後日本型二大政党制の基礎を固めるためであった。

その意味で、一方で保守合同を図り、他方で左右社会党の統一を促して、保革二大政党制（いわゆる「五五年体制」）をつくり上げた最大の功労者三木武吉《ぶきち》が、原子力政策の確立に奔走する中曽根を支えたというのは、示唆的であった。

同じ回想のなかで、伊藤隆氏の「日本民主党では副幹事長をされていますが、これはどういう役目なんですか」との質問に対して、中曽根はさらに一歩踏み込んで、「三木武吉さんが私を副幹事長にしたんです。私は別に運動もしなかった。要するに、三木さんが保守合同をやろうというのに対して、私は私なりに持論をぶつけていたわけです。それを見て、三木さんは『あいつは面白いやつだ。あれを使え』と考えたんだと思います。……とにかく、副幹事長になったことは、原子力政策を推進する上でたいへんプラスになりました。そういう意図もあって、三木さんは私を副幹事長にしたのではないか、そして、その三木さんに知恵を付けたのは岩淵辰雄さんではなかったかと思います」（同前）と答えていた。

岩淵辰雄というのは、近衛文麿や吉田茂を助けて終戦工作にかかわったり、高野岩三郎らリヴェラル派の知識人と組んで憲法研究会を組織し、日本国憲法のひとつのルーツとされる憲法研究会憲法草案を起草したり、鳩山一郎と三木武吉のあいだをとりもち、保守合同に道筋をつけたりした、政界のフィクサーとして、名を馳せた人物であった。かかる人物が三木と中曽根のあいだをとりもっていたとすれば、それは三木の進めた「原子力の平和利用」が、じつは緊密な関係にある政策であったことを示していたのである。

原子力安全神話の形成へ

はじまりは京都大学（関西）研究用原子炉

かくて、一九五〇年代以降、「原子力の平和利用」すなわち原発開発は、この国のもっとも重要な安全保障上の政策となった。ただし公然と語られるのではなく、「暗黙の了解」によって支えられるところに、意義のある政策となった。

表向きは、「再軍備・改憲」派を装う自民党と、「非武装中立・護憲」派を装う社会党の、激しすぎる「バトル」――国会論戦やデモンストレーションを通じた――が、まだまだ必要だったからである。それほどまでに敗戦の心理的痛手は、深かったのである。

しかし、その暗黙の了解には、ひとつの弱点があった。それは、「再軍備・改憲」派でもない、「非武装中立・護憲」派でもない「第三者」に、原発を押し付けることなしに成り立たないという弱点であった。両派を支持する国民の、どちら側の居住地に原発をもっていっても、その了解はくずれるという弱点であった。

その弱点は、昭和三一年（一九五六）九月の原子力委員会の決定である「原子力開発利用長期計画」に基づき建設されることになった、「関西研究用原子炉」（現、京都大学研究用原子炉）の建設問題において、さっそく露呈した。宇治市案、高槻市案、交野《かたの》市案、四条畷《しじょうなわて》市案のすべてが、建設予定地住民の反対によって、葬り去られてしまったのである。それに対して、自民党も社会党も無力であった。

そして結局、「関西研究用原子炉」推進派の中心人物、大阪大学の伏見康治《ふしみこうじ》が、

四条畷で討死してから私は大阪府の役人や大学の事務局に話を任せていたのでは到底だめだと考え、京大の物理の教授である四手井綱彦《しでいつなひこ》氏と特に色々と善後策を相談した。この方は、いわゆる民主団体に接触のある方で、私の考え方は民主団体の援助を受けようというのである。この考えを煮つめていって、まず門上登史夫という人物を仲介役として働いて頂くことにして、お願いに参上したものである。

（伏見康治『時代の証言』）

とのちに回顧しているように、まずは「再軍備・改憲」派（保守）と「非武装中立・護憲」派（革新・「民主団体」）の協力関係を回復し、そのうえで市町村合併の失敗により、当時開発の遅れに苦悩していた「大阪府下の辺境」泉南郡熊取町に原子炉をもっていくことで、問題を解決するし

かなかったのである。

原子力開発を地域振興策に

その暗黙の了解は、都市と農村、人口密集地と過疎地のあいだの矛盾を利用するしか維持しえないという、大きな弱点をかかえてしまったのである。国民のあいだに新たな分裂と差別を持ち込むことなしに維持しえないというのは、やはりその暗黙の了解のかかえる大きな弱点であった。

そして、その弱点が大規模に露呈し、その暗黙の了解自体が危うくなったのが、一九七〇年代公害問題が大きな社会問題になった時であった。原発や原子炉の存在自体が、公害と認識される時代がやってきたのである。そしてあろうことか、各地で公害反対運動の先頭に立っていた社会党までが、昭和四七年（一九七二）八月、党大会において原発反対を決議してしまったのである。戦後日本の安全保障を支えてきた暗黙の了解が、崩壊した瞬間であった。

しかし、日本が独立国であるかぎり、その暗黙の了解は維持されなくてはならなかった。そこで大きな役割を果したのが、保守の側では田中角栄《たなかかくえい》、革新の側では大都市の公害反対運動を背景に誕生したいくつかの革新自治体（美濃部亮吉《みのべりょうきち》東京都政・黒田了一《くろだりょういち》大阪府政ほか）であった。

みずからの選挙基盤で世界最大の原発、柏崎刈羽《かしわざきかりわ》原発の建設を推進していた田中は、昭和四九年、電源開発促進法、特別会計に関する法律、発電用施設周辺地域整備法の、いわゆる電源三法を成立させ、原子力開発を、電源三法補助金による地域振興策につくり替えたのである。過疎地に原子炉・原発を押し付けることなしに成り立たない、「原子力の平和利用」に関する暗黙の了解の構造を逆用したのである。

それによって、原発は、今度は雨後《うご》の筍《たけのこ》のように、つぎつぎと各地に建設されるようになっていった。必要以上の原発が、この狭い、しかも地震や津波の危険に満ちた国土の上に建つに至ったのである。その雨後の筍のように建つ原発を支える神話が、原子力安全神話であった。

そして、都会の革新自治体は、公害の素《もと》、火力発電所を停止し、都会に青空を取り戻すために、あえて原発反対の矛《ほこ》を収めたのである。意識的であったか、無意識的であったかは別として。

しかし、本来国防上必要であったものが、過疎地振興の種になってしまったことの危険性は、言うまでもなかった。希薄な危機感のうえに、十分な安全対策もとられない原発が各地に立地し、静かに平成二三年（二〇一一）三月一一日を待つことになったのである。

そして、「三・一一」は起きた。

歴史から未来へ

私は以前、ある建築家の依頼で、伊勢神宮について考えたことがある。伊勢神宮は周知のように、二〇年に一回、遷宮《せんぐう》を繰り返す。すべて新たに建て替わる。変化しながら古きを残す、日本文化の象徴のように言われることが多い。

しかし、そのとき気づいたのは、伊勢神宮の建物は二〇年に一回建て直さなければ、とてももたないように最初から建てられているということであった。すべてが掘立柱《ほったてばしら》でき上がっている。柱に礎石《そせき》が置かれていないのである。柱の根っこのところがかならず腐り、二〇年もたつともう駄目になるように、最初から建てられているのである。私はなにかそこに、日本人の、歴史のなかで鍛えられた知恵をみたような気がした。

永久建築物はつくらない思想を、我われの祖先たちはもっていたのである。すべての建築物は、仮住まい風につくられる。二〇年ももてばいいように、つくられるのである。なんたる知恵だろうと思った。

災害列島ならではの知恵である。度重なる洪水と、繰り返される地震・津波のなかで生きてきた我われの祖先たちの知恵だ。破壊されれば立て直せばいい。人が、人生のなかで何度か出合う、とてつもなく巨大な災害にへこたれることなく生きていこうと思えば、そう思わなくてはやっていけなかったのだろう。

日本建築が柱と梁《はり》だけでできていて、簡単に引っくり返るが、また簡単に引き起こせるようにできているのも、その知恵の現れだと思う。鴨長明《かものちょうめい》（『方丈記《ほうじょうき》』）に思いを致し、茅屋を好む我われの美意識も、そのあたりからきているのかもしれない。

そしてその先祖たちの知恵を、ちゃんと現代人も守っているのである。だからこれだけ建築技術が発達しても、日本の住宅は、二〇年で価値が大体ゼロになるようにつくられているし、またインフラの整備された都市計画の行き届いた街をつくることもしない。なんとも雑然とした都市空間をつくってしまう。

それらは、その知恵がマイナスの方向に出た事例かもしれないが、しかしこれだけ世の中が変わっても、その知恵が生きつづけている証拠でもある。

これまでも、歴史上の大きな出来事は、かならず人の心の中にしまわれ、文化の深層を形づくってきたのである。

ならば今回の「三・一一」の出来事も、けっして忘れ去られることはないだろう。表面上は忘れ去られても、かならず人びとの心の奥底のどこかにとどまり、その思考様式・行動様式になにがしかの影響を与えつづけるだろう。

ただ、福島第一原発事故の経験は、過去何度も繰り返されてきた大災害の、最新の経験ではない。歴史上、人がはじめて経験する経験だ。いかにそれを血肉化し、我われがその記憶を心身に刻んでいくかは、これから多くの議論を必要とする。まだ歴史的な「慣れ」がないからである。

当然それを主導するのは、学問の役割だ。ただ私が不安を感じるのは、はたしてその肝心の学問に、今その役割を果たすことができるだろうかということだ。

不安に感じる理由は二つある。

一つは、「三・一一」以降、多くの学問に、学問として今回の震災や事故を取り上げ、それに取り組む姿勢があまりみられなかったことである。歴史学を例にとれば、震災で倒れた家の下敷きになったり、水につかったりした歴史史料の救出には熱心だった。しかし、今回の震災・事故それ自体の歴史学的研究にはさほど熱心でなかった。全体に、学者や研究者が、現実への関心を失ってしまっているように、私には思える。はたしてそれで、その果たすべき役割が果たせるかどうか。不安を感じる。

そしていま一つは、文部科学省が人文社会科学分野の縮小を言いはじめていることに象徴的に現れているように、この国の人文社会科学への関心が、どんどんと低下していることである。

それはたしかに、人文社会科学の研究者の側にも責任はある。長く「翻訳学」（西欧の最新の知の継受）をもって学問とし、それでもって事足れりとしてきたために、日本の人文社会科学には、現実と向き合い、現実のなかから新規の学説をひねり出していく力が乏しい。

だから実際に、今回のような大事件・大事故が起こると、なにをしたらいいかわからなくなってしまう、という欠点がある。要は当面の役に立たないのである。そこを今見透かされ、攻撃されている形だ。

福島第一原子力発電所の惨状　地震と津波の影響により、全電源喪失に陥り、水素爆発を起こした。この惨状が解消されるメドは未だ立たない。

しかし、とはいえ深刻なのは、これだけの大事件・大事故が起きたときに、それに対処するのに、人文社会科学的対応を軽視する、その姿勢だ。物事を技術論的には捉えても、社会論的には捉えたがらない、その姿勢だ。

それでは、今回の事件・事故から引き出す教訓が、矮小なものになりすぎてしまいはしないだろうか。また、我われは、木を見て森を見ない典型的日本人になってしまいはしないだろうか。そこに私は不安を覚える。

しかし、人に対する不満を言っていても仕方がない。「まず隗《かい》よりはじめよ」という気持ちで、本書は書いた。味読いただければ幸いである。

社会主義についての補論

なお最後に、本文では十分に語り得なかったことを、ひとつだけ付け足して終わりたい。それは社会主義についてだ。

冷戦が崩壊し、社会主義陣営というものが、この世から消えてなくなってしまったために、今多くの人は、社会主義というものを、なにか歴史のなかの逸脱のように捉えようとしているが、それは間違っている。歴史上のあらゆる体制がそうであったように、社会主義もまた生まれるべくして生まれ、消滅すべくして消滅したと考えるのが、正解である。

そこで、ここまで述べてきたこととの関連で注目しておきたいのは、近代とは、戦争の時代であったということである。戦争が必要悪として組み込まれていた時代であったということである。

一九世紀の末以降、国家が利益共同体化していくなかで、他国との競争が、国会意思、主権的意思を決定していくうえで、決定的に重要な契機となっていく。それは、「帝国主義」と「戦争」を必然化し、日露戦争や第一次世界大戦の勃発の契機となった。

また、国家間競争が帝国主義的戦争に発展することを回避するために、民族自決権の相互承認システムをつくり上げようとすると、今度は、世界の警察の役割を果たすひとつの超大国を生み出す必要に駆られ、それが史上まれに見る惨禍を人類にもたらした世界最終戦、第二次世界大戦を必然化した。

だから逆に、近代はいずれの社会においても、社会の片隅に、「絶対平和主義」の主張とそれを担う人びとを生み出す必然性をもっていたのである。そして生まれたのが、社会主義であった。だから社会主義の誕生は、けっして歴史の逸脱的エピソードなどではなかった。まさにその必然だったのである。

日本においても、明治三四年（一九〇一）、最初の社会主義政党、社会民主党が結成されるが、その宣言の掲げた「四大原理」のひとつは、「平和主義」であった。その重要性については、加藤哲郎氏が、「社会民主党宣言のメッセージには『経（縦糸）』の社会主義と、『緯（横糸）』の民主主義と共に、もう一つの原理が含まれていた。それは、平和主義である」（加藤哲郎『日本の社会主義』）と強調しているとおりである。

だから近代において、社会主義の歴史は、「労働者階級」の階級闘争の歴史である前に、「絶対平和主義」の歴史だったのである。また、だから社会主義の歴史にとって決定的だったのは、第一次世界大戦勃発とともに、第二インターナショナル加盟の各国の社会主義政党が、いっせいに自国の戦争支持に回ったことだったのである。それは、いかに各国の社会主義政党が、その後も「労働者階級」の利益擁護に奔走していたとしても、社会主義の終焉《しゅうえん》を意味した。

あるいは逆に、最後まで「絶対平和主義」を堅持し、「戦争を内乱へ」転化させようとしたロシアの一部の社会主義者、レーニン率いるボルシェビキ（共産党）を、その後の世界の社会主義運動のリーダーに押し上げるきっかけにもなったのである。

しかし、いったんロシア革命が成功し、「ソビエト社会主義連邦共和国」という名の国家が誕生すると、今度はそれがきっかけとなって、社会主義の掲げる「絶対平和主義」が大きく歪められていくことになった。

第二インターナショナルに代わって、国際的な社会主義運動のセンターとなった第三インターナショナル（コミンテルン）の掲げる「絶対平和主義」には、かならずソ連防衛のためという条件がつくようになったからであった。

そうなれば、国家として一国をなしているソ連のために、各国の社会主義者が働くことになる。それは、各国においては当然利敵行為と映り、各国社会主義者の運動をどんどんやりにくくしていく、きっかけとなったからである。

事実、ソ連防衛のための無謀な革命の実行を迫られた、日本の社会主義者（共産主義者）たちは、結局、「民族」（日本）か「階級」（ソ連）かの選択を迫られ、社会主義運動からその大方が脱落していってしまった。

そして一九三九年、独ソ不可侵条約が結ばれ、独ソ両軍がポーランドに侵攻したとき、「絶対平和主義」が社会主義によって担われる時代は終わった。一九四三年には、スターリン自身が第三インターの廃止を決定し、「絶対平和主義」と社会主義の重なりの時代に終止符を打った。以後、世界平和の実現は、ソ連も同意のうえで、世界最終戦を終えた超大国アメリカの指導のもとにつくられた国際連合の手に移っていくことになる。その裏返しに、ソ連主導の社会主義共同体は、所詮はソ連帝国主義の勢力圏以外の何物でもなくなっていったのである。

ただ日本では、戦後、「絶対平和主義」への希求が、第二次世界大戦に負けたことで、逆に急速な高まりをみせた。それが過剰な社会主義への幻想を生み出したことは、ある意味で、この国の悲劇であった。しかし、それもまた、国家＝利益共同体説のかかえた矛盾から抜け出すために、敗戦という選択をあえてした国家の必然的にかかえた歴史の必然だったということだろうか。

なお最後に、本書は科学研究補助費〔基盤研究Ｂ〕「原子力開発および原子力『安全神話』の形成と戦後政治の総合的研究」による研究成果の一部であることを、書き加えておく。

・水林彪「『支配のLegitimität』概念再考」『思想』995号、2007.3
・美濃部達吉「非常時日本の政治機構」〔昭和八年〕『議会政治の検討』日本評論社、1934
・美濃部達吉『新憲法概論』有斐閣、1947
・美濃部達吉『憲法と政党』日本評論社、1934

第七章

・樫本喜一「都市に建つ原子炉—日本原子力平和利用史のミッシングリングが暗示する安全性のジレンマ構造」『科学』2009年11月号
・加藤哲郎・井川充雄編『原子力と冷戦—日本とアジアの原発導入』花伝社、2013
・門上登史夫『実録関西原子炉物語』日本輿論社、1964
・熊取町教育委員会『「京都大学研究用原子炉」の誕生』1996
・小路田泰直「ヒロシマからフクシマへ」『史創』1号、2011.10
・小路田泰直「安全神話の政治学」『史創』2号、2012.3
・住友陽文「戦後民主主義の想定領域—原子力開発と55年体制」『史創』1号、2011.10
・中嶋久人『戦後史のなかの福島原発—開発政策と地域社会』大月書店、2014
・中曽根康弘『天地有情—五十年の戦後政治を語る』文藝春秋、1996
・仁科芳雄「原子力と平和」『仁科芳雄遺稿集　原子力と私』学風書院、1950
・仁科芳雄「玉木英彦宛書簡〈昭和二〇年八月七日〉」『仁科芳雄往復書簡集』Ⅲ、みすず書房、2007
・仁科芳雄『仁科芳雄往復書簡集』Ⅲ、みすず書房、2007

おわりに

・加藤哲郎『日本の社会主義—原爆反対・原発推進の論理』岩波現代全書、2013

写真提供・協力

口絵	宮内庁宮内公文書館
本文	
P.10	『福島原発事故独立検証委員会調査・検証報告書』(円水社)より
P.55	奈良国立博物館
P.58(右)	二尊院
P.58(左)	廬山寺
P.69	白山比咩神社
P.84	神宮徴古館
P.103	本居宣長記念館
P.108	致道博物館
P.123	『幕末大全』(学習研究社)より
P.131	平田神社
P.145	宮内庁宮内公文書館
P.155	『生誕150年記念 福澤諭吉展』(1984福澤諭吉展委員会)より
P.203(右)	『白鳥庫吉全集』(岩波書店)より
P.203(左)	『内藤湖南全集』(筑摩書房)より
P.210	『津田左右吉歴史論集』(岩波文庫)より
P.221	東京大学法学部附属明治新聞雑誌文庫(『戦時画報』66号・臨時増刊『東京騒擾画報』)
P.223	法政大学大原社会問題研究所
P.233	『新訂 蹇蹇録』(岩波書店)より
P.243	毎日新聞社
P.263	共同通信社
P.264	昭和二万日の全記録第7巻『廃墟からの出発』(講談社)より
P.283	『仁科芳雄往復書簡集Ⅱ』(みすず書房)より
P.305	共同通信社

第四章

・井上毅伝記編纂委員会「政党論」〔明治一五年〕『井上毅伝』史料篇第一、国学院大学図書館、1966
・荻生徂徠「弁名」日本思想大系 36『荻生徂徠』岩波書店、1973
・「自由党党報」第一号、自由党、1891
・住友陽文『皇国日本のデモクラシー―個人創造の思想史』有志舎、2011
・『原敬日記』⑧〈大正七年九月二九日〉乾元社、1950
・福沢諭吉「国会論」『福沢諭吉全集』第5巻、岩波書店、1959
・福沢諭吉「兵論」『福沢諭吉全集』第5巻、岩波書店、1959
・福沢諭吉「民情一新」『福沢諭吉全集』第5巻、岩波書店、1959
・福沢諭吉「国会難局の由来」『福沢諭吉全集』第6巻、岩波書店、1959
・福沢諭吉「瘠我慢の説」『福沢諭吉全集』第6巻、岩波書店、1959
・穂積八束「法典及人格」〔一八九三年〕『穂積八束博士論文集』1913
・美濃部達吉『憲法講話』有斐閣、1912
・美濃部達吉『現代憲政評論』岩波書店、1930
・美濃部達吉『憲法撮要』有斐閣、1933
・美濃部達吉『議会制度論』日本評論社、1948
・美濃部達吉『憲法と政党』日本評論社、1934
・吉野作造「『国家威力』と『主権』との観念に就て」『吉野作造選集』1、岩波書店、1995
・吉野作造「木下尚江君に答ふ」『吉野作造選集』1、岩波書店、1995
・吉野作造「国家魂とは何ぞや」『吉野作造選集』1、岩波書店、1995
・吉野作造「憲政の本義を説いて其有終の美を済すの途を論ず」『吉野作造選集』2、岩波書店、1996

第五章

・石原道博『魏志倭人伝』岩波文庫、1951
・幸徳秋水『社会主義神髄』岩波文庫、1953
・小路田泰直『日本史の思想』柏書房、1997
・津田左右吉『歴史学と歴史教育』に収録するにあたって『シナ思想と日本』に付した「まへがき」『津田左右吉全集』第二十巻、1965
・夏目漱石『三四郎』岩波文庫、1990
・福沢諭吉「瘠我慢の説」『福沢諭吉全集』第6巻、岩波書店、1959
・陸奥宗光『蹇蹇録』岩波文庫、1983

第六章

・頴原善徳「日本国憲法の最高法規性に関する疑問」『憲法と歴史学』ゆまに書房、2004
・折原浩『マックス・ヴェーバーにとって社会学とは何か―歴史研究への基礎的予備学』勁草書房、2007
・北一輝「日本改造法案大綱」『北一輝著作集』Ⅱ、みすず書房、1959
・小路田泰直編『比較歴史社会学へのいざない』勁草書房、2009
・小林龍夫・島田俊彦編『現代史資料 7 満州事変』みすず書房、1964
・雀部幸隆『公共善の政治学―ウェーバー政治思想の原理論的再構成』未来社、2007
・衆議院事務局『第九十帝国議会、衆議院、帝国憲法改正委員小委員会速記録』衆栄会、1995
・寺崎英成、マリコ・テラサキ・ミラー『昭和天皇独白録』文藝春秋、1991
・仁科芳雄「原子力と平和」『仁科芳雄遺稿集　原子力と私』学風書院、1950
・布川弘『神戸における都市「下層社会」の形成と構造』兵庫部落問題研究所、1993
・福沢諭吉「瘠我慢の説」『福沢諭吉全集』第6巻、岩波書店、1959

引用および参考文献

はじめに

・上野千鶴子（『ナショナリズムとジェンダー』青土社、1998
・幸徳秋水『帝国主義』岩波文庫、2004
・佐藤弘夫『アマテラスの変貌―中世神仏交渉史の視座』法藏館、2000

第一章

・川勝平太『日本文明と近代西洋―「鎖国」再考』NHKブックス、1991
・旧約聖書翻訳委員会訳『旧約聖書Ⅰ』岩波書店、2004
・旧約聖書翻訳委員会『旧約聖書Ⅱ』岩波書店、2005
・新約聖書翻訳委員会訳『新約聖書』岩波書店、2004
・西谷地晴美『古代・中世の時空と依存』塙書房、2013
・『法華経』下、岩波文庫、1967

第二章

・石井紫郎「中世の天皇制に関する覚書―愚管抄と神皇正統記を手がかりとして」『日本国制史研究』Ⅰ、東京大学出版会、1966
・大隅和雄『愚管抄を読む』講談社学術文庫、1999
・『愚管抄』日本古典文学大系86、岩波書店、1967
・『古事記』岩波文庫、1963
・『神皇正統記』日本古典文学大系87、岩波書店、1965
・高橋美由紀『伊勢神道の成立と展開』増補版、ぺりかん社、2010
・高橋富雄『征夷大将軍―もう一つの国家主権』中公新書、1987
・新田一郎『日本中世の社会と法―国制史的変容』東京大学出版会、1995
・「北条泰時消息」北条重時宛［貞永元年九月十一日］日本思想大系21『中世政治社会思想』上、岩波書店、1972
・『倭姫命世記』日本思想大系19『中世神道論』岩波書店、1977
・ルソー『社会契約論』岩波文庫、1954

第三章

・会沢正志斎『新論』日本思想大系53『水戸学』岩波書店、1973
・芦田均『芦田均日記』第一巻、岩波書店、1986
・荻生徂徠『政談』日本思想大系36『荻生徂徠』岩波書店、1973
・荻生徂徠「弁道」日本思想大系36『荻生徂徠』岩波書店、1973
・「西郷吉之助建白書」『大隈文書』第一巻、早稲田大学社会科学研究所、1958
・佐藤信淵『混同秘策』日本思想大系45『安藤昌益　佐藤信淵』岩波書店、1977
・『日本書紀』（一）岩波文庫、1994
・平田篤胤「霊の真柱」日本思想大系50、1973
・福沢諭吉「国会論」『福沢諭吉全集』第5巻、岩波書店、1959
・藤田幽谷「正名論」日本思想大系53『水戸学』岩波書店、1973
・マックス・ウェーバー『都市の類型学』創文社、1964
・丸山眞男『日本政治思想史研究』東京大学出版会、1952
・本居宣長「直毘霊」『古事記伝』一之巻『本居宣長全集』第九巻、筑摩書房、1968
・本居宣長『古事記伝』神代一之巻『本居宣長全集』第九巻、筑摩書房、1968
・本居宣長『玉くしげ』本居宣長全集第八巻、筑摩書房、1972
・ルソー『社会契約論』岩波文庫、1954

美濃部亮吉　300
民主主義　171,192
「民情一新」　159,169,170
民族国家　214,218,226
民族自決権　226,227,256,257,258,259,262,307
民族自決権的世界秩序　233
民本主義　190,193,196,197,198,220,253,270
無産政党　197,224
無条件治外法権撤廃　229
無政府主義　223
陸奥宗光　229,233*
室町幕府　105
明治維新　92
明治国家　133,149,150
明治一四年の政変　163,164
明治天皇　125
名望家自治　95
本居宣長　102,103*,107,110,113,116,118,131*,148,204,213

や

「瘠我慢の説」　171,172,216,250
邪馬台国　203,205,206,209
邪馬台国論争　201,207
『倭姫命世記』　78,79
友愛会　224
湯川秀樹　288
陽成天皇　71
横井小楠　122,123*
吉田茂　138,255,297
吉野作造　180,190,193,195*,220
輿論　14,17,21,22,23,24,25,99,116,125,152,153,159,164,167,185,200,213,214,231,244,245,252,278
輿論政治　24,59,67,68,85,86,92,93,94,97,98,105,106,107,116,118,139,142,143,144,148,152,156,164,179,245
輿論政治安定化のための政治構造　99*
輿論政治の生成・発展・消滅の模式図　106*
輿論づくり　162

ら

利益共同体　179,307
立憲改進党　159
立憲君主制　171
立憲政　21,22,25,157,167,168,196,200,213,214,245,246,251
立憲政治　144,145
立憲政体　151,152,153,157,179,214
立憲政友会　165
立憲政・輿論政治　244
立憲同志会　165
律令制国家　15,16
旅順口虐殺事件　230
ルソー　81,82,100,104,113
レーニン　308
労働者階級　217,218,220,221,308
労働農民党　224
鹿鳴館　228*
鹿鳴館外交　228
ロシア革命　308

わ

ワイマール共和国憲法　249
「我が議会制度の前途」　253

な

内藤湖南 201,203*,207
「直毘霊」 111,117
中曽根康弘 292,296
夏目漱石 235
西尾末広 224
仁科芳雄 262,265,267,280,283*,284,288,292,294
『仁科芳雄遺稿集 原子力と私』 264,289
『仁科芳雄往復書簡集』Ⅲ 267,269,281,283,,284286,287,291
日英通商航海条約 229
日米安全保障条約 271
日露戦争 221,234,235,307
日清講和 231
日清戦争 169,173,227,232,234
日清・日露の戦争 257
二・二六事件 255
「日本改造法案大綱」 240,243
日本国憲法 138,153,271,272,274,276
日本国憲法第九条 277
『日本書紀』 33,39,102,103,114,126,210,213
日本労農党 224
人間の私情 172
信長政権 98
宣長学 115

は

廃仏毀釈 134
パクスアメリカーナ 229,237
パクスブリタニカ 228,229,237
幕藩体制 116
鳩山一郎 255,297
原敬 165,166
原敬内閣 223
『原敬日記』 166
パリ不戦条約 258
万国公法会 226
万国博覧会 225
東日本大震災 8
東山文化 207
柄杓 84*
「非常時日本の政治機構」 254
日比谷焼き打ち事件 221*
平田篤胤 25,126,128,129,130,131*,135,142,143,149,150,152
平田派国学 132,149
福沢諭吉 93,153,154,155*,159,161,163,164,168,169,173,174,178,179,188,200,216,249
福島第一原子力発電所の惨状 305*
福島第一原発事故 18,278,304
富国強兵策 120
藤田幽谷 25,120,137,139,140,142,152,213
伏見康治 299
普選運動 222,223
普通選挙 224
普通選挙運動 197
伏羲 33
不平等条約 227,228
プラトン 43,50
武烈天皇 71,72
「兵論」 169
平和主義 307
ペリー来航 11,12,62
「弁道」 108,109
「弁名」 156
保元・平治の乱 70
北条得宗専制政治 142
北条泰時 66,70,76
北条泰時消息 67
北条義時 69
「法典及人格」 181
法然 23,57,58*
『法華経』 53,54,55*
保守合同 296,297
穂積八束 180,181,182,183

ま

マッカーサー 138,284
末法 15
末法思想 57
満州事変 19,258,259
満州問題 258
「満蒙問題」 259
三浦梧楼 166
三木武吉 297
水戸学 137,138,140,143,149,150,152
南満州鉄道株式会社（満鉄） 235
源頼朝 70,76,86,87,88,89,90
美濃部憲法学説 190,196,253,254,256,270,274
美濃部達吉 22,180,182,183*,184,185,186,188,192,193,195,197,251,256,270,271,272,273,274

『新約聖書』 40,41
親鸞 23
『新論』 140,141
水爆実験 292
枢密院 244
崇神天皇 39,40,78
鈴木文治 224
スターリン 309
住友陽文 9
征夷大将軍就任儀礼 88
生者の輿論 17,100,142,151,152,153,245
『聖書』 13,28,30,33,36,37
『政談』 110,119
政党 159,160,164
政党システム 165,167,168
政党政治 157,158,165,167,200,246,253
政党政治システム 200
政党内閣 166
「政党論」 160
西南戦争 169
「正名論」 137,139,140,146
世界最終戦 259,262,277
世界最終戦論 19
世界宗教会議 226
責任内閣制 163
絶対平和主義 307,308,309
先王制作の道 109,112,116,122,131,148
戦艦大和 264*
戦国大名 97
戦国大名支配 106
全体知 49,50,51
『選択本願念仏集』 58*,59
「創世記」 28
ソクラテス 42,44,45,47,49,51,52
祖法 116,118,131
徂徠学 115

た

第一次世界大戦 19,21,227,240,249,251,256,258,307,308
第一次大戦 250
第一回普通選挙 224
大逆事件 215,222
代行権力 98,105,106,107,142,152,153
大正デモクラシー 197
大東亜共栄圏構想 259
大同団結運動 158
第二次護憲運動 224
第二次世界大戦 307
『大日本史』 107
大日本帝国憲法 125,126,144,151,153,213,274,275,276
大名合議制 105
高野岩三郎 297
田口卯吉 214
大政官制度 137
田中角栄 300
田中義一内閣 224
『玉くしげ』 117
「霊の真柱」 128,129,130,132
治外法権 227,228,232
仲哀天皇 75
通商航海条約 230
津田史学 212,213,214,215,274
津田左右吉 209,210*,211
帝国議会 144,158
「帝国憲法ノ法理」 180
『帝国主義』 20
帝国主義 21,307
帝国主義国家化 173
「丁巳封事」 120
電源三法 300
『天地有情―五十年の戦後政治を語る』 293,295
『天柱記』 128
天然の公道 172
天皇 146,149,213,245,274,276
天皇機関説 180,192
天皇機関説事件 255
天皇＝国家論 180
天皇親政 137,139
天皇親政（親裁） 136
天皇大権 274
天賦人権論 169,174
東京電力福島第一原子力発電所事故 8
東京電力福島第一原子力発電所で起きた水素爆発 10*
『徳川実紀』 87
徳川光圀 107
得宗専制 105
独ソ不可侵条約 309
『都市の類型学』 95,96
都市民衆暴動 251
トリックとしての立憲政システム 152*

憲法草案　271
『憲法と国家』　188
『憲法と政党』　186,187,252
憲法発布式　145*
「建武の中興」　68,69
公儀　98
合議制　86,90,105
孔子　52,109
甲申事変　174
幸徳秋水　20,219,223*
合理的官僚制　156
五箇条の御誓文　144
国際連合　309
国際連盟　256,257
「国是三論」　122
『国体新論』　174
国体明徴事件　255
『古事記』　33,79,80,102,103,110,113,114,115,126,210,213
『古事記伝』　102,103,111,112,114
五五年体制　296
後醍醐天皇　68,69,75
『国家』　43,44,45,46,47,48,49,50,51
国家　175
国会開設　153
「国会難局の由来」　155
「『国家威力』と『主権』との観念に就て」　191
「国会論」　94,154,161,162,163
国家改造運動　240,245,255
「国家改造法案大綱」　240
国家官僚制　161
「国家魂とは何ぞや」　194
国家の民族国家化　173
国家法人説　180,190,192,193,196
国家有機体説　200
国家＝利益共同体説　190,200,209,216,225,226,238,240,250,253,276,310
国家＝利益団体説　173,174,188,233
国家利益団体説　157,246
後鳥羽上皇　68,69,70,76
後鳥羽天皇　76
近衛文麿　297
後村上天皇　68,75
小村寿太郎　234
米騒動　166
『混同秘策』　133

さ

災害列島　303
「西郷吉之助建白書」　123
西郷隆盛　123
祭神論争　150
祭政一致　24,132,143,149
最澄　57
嵯峨根遼吉　288,292
佐藤信淵　132
産業革命　171
三権分立　162
『三四郎』　235,237
三・一一　11,301,304
慈円　62,64*,67,92
『史記』　33
『時事憲法問題批判』　257
死者の輿論　17,24,100,107,116,118,122,123,124,125,126,131,141,142,143,146,148,149,150,151,152,153,155,179,200,213,214,245
『時代の証言』　299
執権政治　105
四道将軍　39
士農工商社会　116
市民集会　96
市民宗教　83
釈迦　52,53,55,56,57
『社会契約論』　81,82,100,101
社会主義　306
社会主義者　219,220,222
『社会主義神髄』　219
「社会主義と直接立法」　222
社会進化論　174
社会民衆党　197,198,224
社会民主党　307
社会有機体説　174,217
自由党　158,159
「自由党党報」　159
自由民権運動　158
宗門改め　13
修陵　134
貞永式目　66
承久の乱　68
将軍制　86,90,105
称徳天皇　71
条約改正交渉　233
正力松太郎　292
昭和天皇　259
『昭和天皇独白録』　260,261
女媧　33
植民地帝国　226
白鳥庫吉　201,203*,205,206,212,215
『人権新説』　174,176,225
『新憲法概論』　272,273
『真政大意』　174
『神代史の新しい研究』　209
神農　33
『神皇正統記』　68,69*,70,71,72,75,76,77

索引

000* —写真、図版のあるページを示す

あ

会沢安 140,142
青木周蔵 229
芦田均 272,274
『芦田均日記』 138
『吾妻鏡』 87,88,89
安部磯雄 197,224
新井白石 204
石原莞爾 19,259,274
惟神の道 110,112,113,116,131,148
伊勢神宮 302
伊勢神道 68,78,85
イタリア中世自治都市 97
一木喜徳郎 183
伊藤博文 164,165
『伊藤博文伝』 165
伊藤博文内閣 229
井上馨 228
井上毅 160,164,183
岩倉具視 164
岩淵辰雄 297
石見銀山 12*
ウィルソンの一四箇条 227
ヴェーバー（マックス） 93,94,97,247,248,249,251
上杉慎吉 183
易姓革命 71,72,73,75
易姓革命思想 76
江戸時代の輿論政治とその変革の方向 143*
応神天皇 75
王政復古 137,244
王政復古原理主義 245
王政復古の大号令 135,136,139,142,143,144,145
応仁の乱 95,97,105,207
大隈重信 163,228
「お蔭参り」 83,85
御蔭参りの図 84*
岡田啓介 254
荻生徂徠 107,108*,109,110,116,148,156,213
織田信長 97
織田信長権力 142
織田信長政権 106

か

開国論 122
核開発 278,284
『学問のすゝめ』 169
笠井新也 208
華族制度 244
桂太郎 165
加藤弘之 168,174,175*,178,179,188,217,225
金子堅太郎 226
鎌倉時代 92
鎌倉幕府 23,105
鎌倉幕府の成立 14,62,86,90
亀井貫一郎 224
鴨長明 303
勧農或問 121
官僚 96
官僚機構 163
官僚制 152,156,167,250
議院内閣制 163
議会政治 255
『議会制度論』 185
議会制民主主義 190
議会制民主主義（立憲政） 253
「魏志倭人伝」 201,204,205,208
貴族院 244
北一輝 240,243*,245
北畠親房 68,73,81,213
北畠親房の考えた「易姓革命」のパター 74*
木下尚江 191
「木下尚江君に答ふ」 191,192
『旧約聖書Ｉ』 31,32
『旧約聖書Ⅱ』 33
共産主義 223
挙国一致内閣 254
近代 11,14,28,59,306,307,308
近代立憲主義 17
欽定憲法 151,164
空海 57
『愚管抄』 62,63,64*,67,99,100
久米邦武 214
黒田了一 300
警察予備隊 290
継体天皇 72,73
下剋上 69,70
『蹇蹇録』 229,230,231,232
原子爆弾 289
原子力安全神話 301
原子力開発 292,301
原子力開発利用長期計画 298
原子力政策 296
原子力の平和利用 278,295,296,297,298,301
原水爆禁止運動 9
「憲政の本義を説いて其有終の美を済すの途を論ず」 196,197
原爆投下 263*
原発開発 298
原発問題 9
憲法 153
憲法研究会 297
『憲法講話』 182,184
『憲法撮要』 184

日本歴史 私の最新講義 13
日本近代の起源――3.11の必然を求めて

2015年1月21日　第1版 第1刷発行

著　者　小路田 泰直
発行者　柳町 敬直
発行所　株式会社 敬文舍
〒160-0023　東京都新宿区西新宿3-3-23
ファミール西新宿405号
電話　03-6302-0699（編集・販売）
URL　http://k-bun.co.jp
印刷・製本　株式会社 シナノ パブリッシング プレス

Printed in Japan ISBN978-4-906822-13-3